Willi wills wissen

Das große Quizbuch

Willi wills wissen

Das große Quizbuch

750 spannende Quizfragen

KOSMOS

Umschlaggestaltung von Eva Salzgeber unter der Verwendung
von Fotografien von megaherz

Illustrationen von Claus Stephan

Dieser Band besteht aus überarbeiteten und
ausgewählten Fragen aus folgenden Titeln:

Anita van Saan: Quiz dich schlau – Tiere
Fachlektor: Holger Haag

Bernd Flessner: Quiz dich schlau – Fußball
Fachlektor: Jonas Kozinowski

Anita van Saan: Quiz dich schlau – Wale und Delfine
Fachlektorin: Sarah Lange

Anita van Saan: Quiz dich schlau – Ritter
Fachlektor: Dr. Reinhard Friedrich

Bernd Flessner: Quiz dich schlau – Pferde
Fachlektorin: Gudrun Braun

Bernd Flessner: Quiz dich schlau – Wetter
Fachlektorin: Berit Bogs

Unser gesamtes lieferbares Programm und viele weitere Information zu unseren Büchern,Spielen, Experimentierkästen, DVDs, Autoren und Aktivitäten finden Sie unter www.kosmos.de

Gedruckt auf chlorfrei gebleichtem Papier

Mit freundlicher Unterstützung der BR-Redaktion „Willi wills wissen“ und megaherz

Lizenz durch TELEPOOL

ISBN: 978-3-440-12166-5
Redaktion: Anna-Maria Bodmer, Birgit Bramlage
Gestaltung und Satz: Eva Salzgeber
Produktion: Angela List
Printed in Czech Republic / Imprimé en République

Inhalt

Willi wills wissen

Tiere

1. Was sind Tiere?

a. alle Lebewesen, die keine Pflanzen sind
b. Lebewesen, die sich von anderen Lebewesen ernähren und Sauerstoff zur Atmung benötigen
c. Lebewesen mit Fell und Beinen

2. Was können Pflanzen, Tiere aber nicht?

a. ihre Energie selbst herstellen
b. im Wasser atmen
c. in der Erde leben

3. Wie kann man beim Regenwurm Männchen und Weibchen unterscheiden?

a. an der Größe
b. an der Hautverdickung, dem sogenannten Gürtel
c. gar nicht

4. Was passiert, wenn eine Amsel von einem Regenwurm nur die Hälfte frisst?

a. Mit dem Hinterteil kann er weiterleben.
b. Er stirbt.
c. Mit dem Vorderteil kann er weiterleben.

5. Welches Merkmal ist typisch für alle Gliederfüßer?
   a. Stielaugen
   b. ein Körper mit höchstens einem Paar Gliedmaßen pro Segment
   c. gegliederte Füße

6. Wie viele Beine haben Insekten?
   a. sechs Beine
   b. acht Beine
   c. vier Beine

7. Wie viele Flügel haben die meisten Insekten?
   a. zwei
   b. sechs
   c. vier

8. Zu welcher Art von Tieren gehören Ameisen?
   a. zu den flügellosen Insekten
   b. zu den Hautflüglern
   c. zu den Krebstieren

9. Wie hoch kann der Bau der Roten Waldameise werden?
   a. 40 cm hoch
   b. 1 m hoch
   c. bis zu 2 m hoch

10. Wie viele Tiere leben im Bau der Roten Waldameise?
    a. 100.000–2 Millionen Tiere
    b. bis zu 500 Tiere
    c. bis zu 1.000 Tiere

11. Wie heißt die Hülle, die viele Schmetterlingsraupen anfertigen, um sich darin zu verpuppen?
    a. Köcher
    b. Haus
    c. Kokon

12. Wie heißt der größte Käfer Europas?
    a. Maikäfer
    b. Mistkäfer
    c. Hirschkäfer

13. Wie groß wird der Riesenbockkäfer, die längste Käferart der Welt?
    a. 12 cm
    b. 17 cm
    c. 20 cm

14. Was kennzeichnet die in Mitteleuropa lebende Garten-Kreuzspinne?
   a. Sie ist giftig.
   b. Sie ist für Menschen ungefährlich.
   c. Sie ist ungiftig.

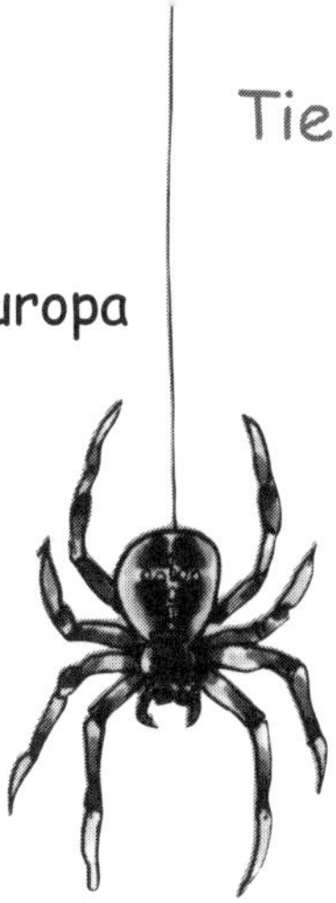

15. Wie viele Beine haben Spinnentiere?
   a. acht
   b. sechs
   c. vier

16. Was machen alle Spinnen?
   a. Sie bauen Netze.
   b. Sie leben an Land.
   c. Sie häuten sich.

17. Was sind Wirbeltiere?
   a. Tiere mit Wirbelsäule
   b. Tiere mit Wirbelhaaren
   c. große Säugetiere und Haustiere

18. Welche Körperteile besitzen alle Wirbeltiere?
   a. Federn, Schuppen, vier Beine
   b. Haare, Augen, Ohren
   c. Gehirn, geschlossenes Gefäßsystem, mehrschichtige Haut

19. Wie groß ist das kleinste Wirbeltier der Welt?
    a. 5 cm
    b. 20 cm
    c. 6,3 mm

20. Wie groß ist das größte Wirbeltier der Welt?
    a. 33 m
    b. 20 m
    c. 10 m

21. Was sind Wirbellose?
    a. Insekten
    b. Tiere, die keine Wirbelsäule haben
    c. Schnecken

22. Was kennzeichnet Säugetiere?
    a. Sie saugen Nektar aus Pflanzen.
    b. Sie säugen ihre Jungtiere mit Milch.
    c. Sie haben einen Schwanz.

23. Wozu dient das Fell der Säugetiere?
    a. als Schmuck oder Tarnung
    b. zum Festkrallen der Jungen
    c. als Schutz vor Kälte oder Hitze

24. Was für ein Tier ist das Gürteltier?
 a. ein Kriechtier
 b. ein wirbelloses Tier
 c. ein Säugetier

25. Wo leben Gürteltiere?
 a. in Süd- und Mittelamerika
 b. in Asien
 c. in Europa und Afrika

26. Was sind Beutelsäuger?
 a. Kriechtiere mit einem Bauchbeutel
 b. Säugetiere, deren Junge im Beutel der Mutter heranwachsen
 c. Säugetiere mit einem Beutel am Rücken

27. Wie viele Junge bringt ein Känguru-Weibchen zur Welt?
 a. drei
 b. zwei
 c. eines

28. Wie groß wird das Rote Riesenkänguru?
 a. 80 cm
 b. 1,80 m
 c. 2,50 m

29. Wie weit kann das Rote Riesenkänguru springen?
    a. 9 m
    b. 5 m
    c. 3 m

30. Wie groß wird ein Koala?
    a. 1–2 m
    b. 30–40 cm
    c. 61–85 cm

31. Was kennzeichnet den Beutel des Koalas?
    a. Er ist zurückgebildet.
    b. Er ist nach oben offen.
    c. Er ist nach unten gerichtet.

32. Wovon ernähren sich Koalas fast ausschließlich?
    a. von Eukalyptusblättern
    b. von Insekten
    c. von Mäusen

33. Zu was für einer Kategorie gehören Nashörner und Tapire?
    a. zu den Paarhufern
    b. zu den Unpaarhufern
    c. zu den Kaltblütern

34. Welche Tiere sind keine Paarhufer?
    a. Schweine und Hirsche
    b. Giraffen und Flusspferde
    c. Gorillas und Schimpansen

35. Wer geht auf den Zehenspitzen?
    a. Affen
    b. Pferde
    c. Bären

36. Wer hat besonders große Ohren?
    a. der Afrikanische Elefant
    b. der Waldelefant
    c. der Asiatische Elefant

37. Bei welcher Elefantenart haben auch die Weibchen Stoßzähne?
    a. beim Afrikanischen Elefanten
    b. beim Asiatischen Elefanten
    c. beim Waldelefanten

38. Was können Elefanten nicht?
   a. frieren
   b. schwitzen
   c. hören

39. Welches Tier ist kein Raubtier?
   a. Löwe
   b. Tiger
   c. Nashorn

40. Wie leben Löwen?
   a. Sie leben im Rudel.
   b. Sie sind Einzelgänger.
   c. Sie leben in Herden.

41. Welche Zähne sind typisch für Raubtiere?
   a. lange Backenzähne
   b. lange Eckzähne
   c. lange Schneidezähne

42. Welches Raubtier ernährt sich von Pflanzen?
   a. der Pandabär
   b. der Eisbär
   c. der Braunbär

43. Welches Tier lebt überwiegend im Wasser und ist ein Raubsäuger?
   a. Seewölfe
   b. Hechte
   c. Robben

44. Wo leben Tiger?
   a. in Afrika
   b. in Asien
   c. in Europa

45. Wie lange bleiben Tigerjunge bei ihren Müttern?
   a. drei Jahre
   b. ein Jahr
   c. drei Monate

46. Welches Raubtier lebte früher auf allen Kontinenten der nördlichen Halbkugel?
   a. der Leopard
   b. der Königstiger
   c. der Wolf

47. Welche Haustiere stammen von wild lebenden Raubtieren ab?
   a. Ziegen
   b. Rinder
   c. Hunde und Katzen

48. Was bezeichnet man als Wild?
    a. jagdbare, wild lebende Tierarten
    b. Raubtiere
    c. alle in der Natur frei lebenden Tiere

49. Mit welchem Tier kann sich der Haushund paaren und Junge bekommen?
    a. mit der Hauskatze
    b. mit dem Wolf
    c. mit dem Luchs

50. Welche Katzenrasse hat ein langhaariges Fell?
    a. die Kartäuserkatze
    b. die Angorakatze
    c. die Siamkatze

51. Was zeigt eine Hauskatze mit einem aufgeplusterten Schwanz?
    a. Freude
    b. Überraschung
    c. Angriffslust

52. Was können Giraffen gar nicht gut?
    a. ihren Hals strecken
    b. schnell rennen
    c. schwimmen

53. Wie groß werden die männlichen Giraffen?
   a. bis zu 8 m
   b. bis zu 5,50 m
   c. bis zu 4,80 m

54. Was fressen Flusspferde?
   a. Wasserpflanzen
   b. Gras
   c. kleine Fische

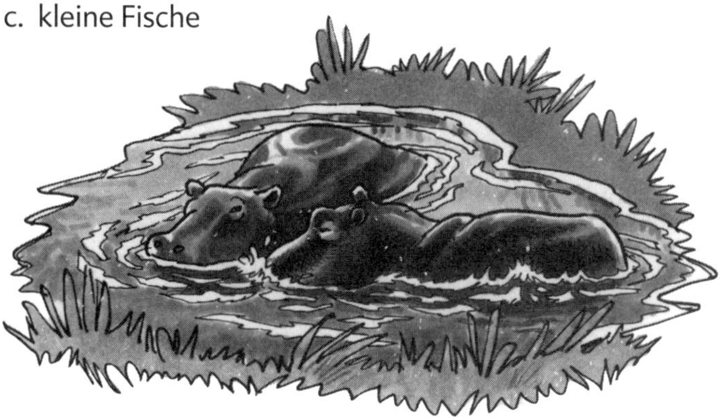

55. Wo leben Flusspferde?
   a. in langsam fließenden Gewässern in Afrika
   b. in asiatischen Flüssen
   c. in Seen in Südamerika

56. Wie schwer wird ein Flusspferd?
   a. 1.500–2.000 kg
   b. 500–800 kg
   c. 2.700–4.500 kg

57. Wie schwer werden männliche Eisbären?
    a. 300–800 kg
    b. etwa 1.000 kg
    c. 1.000–1.300 kg

58. Wo bekommen weibliche Eisbären ihre Jungen?
    a. auf dem Eis
    b. in Erd- oder Schneehöhlen
    c. im Wasser

59. Welche Hautfarbe haben Eisbären unter ihrem Fell?
    a. weiß
    b. braun
    c. schwarz

60. Wie kommt das Küken aus dem Ei?
    a. mit den Füßen zuerst
    b. mit dem Kopf voran
    c. mit dem Eizahn

61. Aus welcher wild lebenden Vogelart wurde die Hausgans gezüchtet?
   a. aus der Weißgans
   b. aus der Graugans
   c. aus der Schwarzgans

62. Wie nennt man eine junge Gans?
   a. Gössel
   b. Ganser
   c. Ganter

63. Wie viele Eier kann ein Haushuhn pro Jahr legen?
   a. 120–150
   b. 250–300
   c. 85–115

64. Was ist kennzeichnend für Vögel?
   a. Sie haben Federn und eine gleichwarme Körpertemperatur.
   b. Sie legen Eier mit kalkloser Schale.
   c. Sie haben vier Beine und können fliegen.

65. Welche Vogelarten können nicht fliegen?
   a. Hühner und Eulen
   b. Pinguine und Laufvögel
   c. Kolibris und Enten

66. Welche ist die größte lebende Vogelart?
   a. der Albatros
   b. der Adler
   c. der Strauß

67. Wann steckt der Strauß den Kopf in den Sand?
   a. wenn ihm die Sonne zu heiß wird
   b. gar nicht
   c. wenn er nach Futter sucht

68. Wie schnell kann der Afrikanische Strauß laufen?
   a. etwa 10 km pro Stunde
   b. etwa 20 km pro Stunde
   c. etwa 70 km pro Stunde

69. In welchem Teil der Erde kommen Pinguine nicht vor?
   a. auf der Nordhalbkugel
   b. auf der Südhalbkugel
   c. auf der Westhalbkugel

70. Wie heißt die größte Pinguinart?
   a. Königspinguin
   b. Kaiserpinguin
   c. Herzogpinguin

71. Wie lange füttern Kaiserpinguine ihr Jungen?
   a. bis zu 3 Monate
   b. bis zu 6 Monate
   c. bis zu 12 Monate

72. Wie tief können Kaiserpinguine tauchen?
   a. bis 35 m
   b. bis 150 m
   c. bis 535 m

73. Wie heißt die kleinste Vogelart der Welt?
   a. Zwergkolibri
   b. Riesenkolibri
   c. Bienenelfe

74. Wie viele Flügelschläge machen Kolibris beim Fliegen?
   a. bis zu 80 Flügelschläge pro Sekunde
   b. bis zu 50 Flügelschläge pro Sekunde
   c. bis zu 20 Flügelschläge pro Sekunde

75. Welche bei uns lebende Vogelart ist kein Singvogel?
   a. die Elster
   b. der Sperling
   c. der Kuckuck

76. Was für Brüter sind Spechte?
   a. Höhlenbrüter
   b. Bodenbrüter
   c. Buschbrüter

77. Woher hat der Kleiber seinen Namen?
   a. weil er den Eingang seiner Höhle verklebt
   b. nach seinem Entdecker
   c. weil er solche Laute von sich gibt

78. Wie finden Zugvögel den richtigen Weg?
   a. mit dem Gehör
   b. mit ihrem Geruchssinn
   c. mit ihrem Magnetsinn

79. Welche Vogelarten verbringen den Winter bei uns in Mitteleuropa?
   a. Stockente und Höckerschwan
   b. Weißstorch
   c. Kranich

80. Was fressen Stockenten?

a. Brot und Sämereien
b. vor allem pflanzliche Nahrung, aber auch kleine Tiere
c. nur kleine Wassertiere

81. Welche Art von Tieren sind Kriechtiere?

a. gleichwarme Tiere
b. wechselwarme Tiere
c. lauwarme Tiere

82. Welches Merkmal ist typisch für fast alle Kriechtiere?

a. Haut mit Hornschuppen
b. Zehen mit Krallen
c. schwanzloser Körper

83. Wohin legen Krokodile ihre Eier?

a. in den heißen Sand
b. in Wasser
c. in Nester

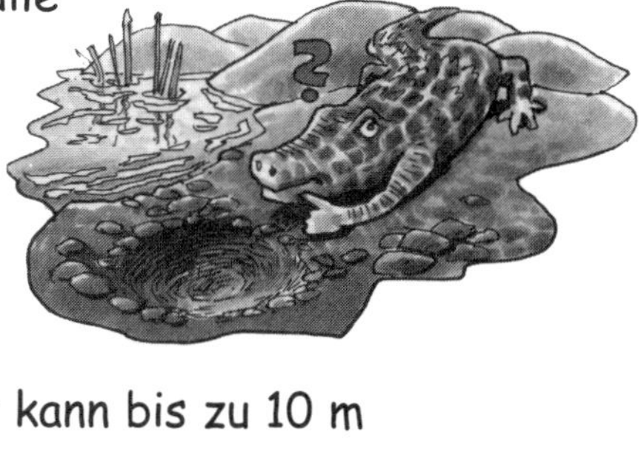

84. Welche Krokodilart kann bis zu 10 m lang werden?

a. der Brillenkaiman
b. das Leistenkrokodil
c. der Mississippi-Alligator

85. Wo lebt das Salzwasserkrokodil?
a. in Europa
b. in Ostindien, Südostasien und Australien
c. in Afrika

86. Was trifft für Meeresschildkröten zu?
a. Sie ernähren sich von Algen und Wasserpflanzen.
b. Sie haben zu großen Flossen umgebildete Beine.
c. Sie paaren sich an Land.

87. Wo legen alle Schildkröten ihre Eier ab?
a. an Land
b. im Meer
c. im Wasser

88. Wer brütet bei den meisten Schildkrötenarten die Eier aus?
a. das Männchen
b. das Weibchen
c. die Sonne

89. Welche Schildkrötenart kommt auch in Deutschland, Österreich und der Schweiz vor?
   a. die Kleine Panzerschildkröte
   b. Weichschildkröte
   c. die Europäische Sumpfschildkröte

90. Welche körperliche Besonderheit haben Warane?
   a. einen Hautpanzer
   b. einen verknöcherten Schädel und eine gespaltene Zunge
   c. einen kurzen Schwanz

91. Wie groß wird der Komodo-Waran?
   a. bis zu 80 cm lang
   b. bis zu 3 m lang
   c. bis zu 2 m lang

92. Welche ist die giftigste Landschlange der Welt?
   a. die Diamantklapperschlange
   b. die Indische Kobra
   c. der Inland-Taipan

93. Welches in Mitteleuropa lebende Tier ist eine Giftschlange?
   a. die Ringelnatter
   b. die Schwarznatter
   c. die Kreuzotter

94. An welchen Merkmalen kann man die ungiftige Schlingnatter von der giftigen Kreuzotter unterscheiden?
   a. an der Hautfärbung und an der Körperlänge
   b. an der Hautfärbung und an den Pupillen
   c. an der Körperlänge und an den Pupillen

95. Wie töten Riesenschlangen ihre Beute?
   a. durch Umschlingen
   b. durch Biss
   c. durch Gift

96. Wie groß können Riesenschlangen werden?
   a. bis zu 10 m lang
   b. bis zu 3 m lang
   c. bis zu 5 m lang

97. Was kennzeichnet Boas?
   a. Sie leben unter anderem in Südamerika.
   b. Sie gebären lebende Junge.
   c. Sie sind giftig.

107. Welcher mitteleuropäische Lurch kann am lautesten rufen?
   a. der Laubfrosch
   b. der Grasfrosch
   c. die Erdkröte

108. Warum bezeichnet man Lurche auch als Amphibien?
   a. Weil Lurche zwei Paar Beine haben (amphi = zweifach).
   b. Weil Lurche eine feuchte Haut haben (amphi = feucht).
   c. Weil das Wort „Amphibien“ vom griechischen „amphibios“ kommt.

109. Wie atmen die Larven der Lurche?
   a. mit Lungen
   b. mit Kiemen
   c. mit der Haut

110. Was ist das besondere Kennzeichen von Froschlurchen?
   a. lange Schwänze
   b. lange Hinterbeine
   c. lange Vorderbeine

111. Was kennzeichnet die Haut der Kröten?
   a. Sie ist warzig.
   b. Sie ist trocken.
   c. Sie ist hart.

112. Was sind Schallblasen?
   a. die Ohren der Lurche
   b. Gleichgewichtsorgane
   c. ballonartige Hautausstülpungen

113. Wie kann man bei der Erdkröte Männchen und Weibchen unterscheiden?
   a. an der Färbung
   b. an den Daumenschwielen
   c. an der Größe

114. Warum rufen Kröten und Frösche im Frühling?
   a. um Männchen anzulocken
   b. um Feinde abzuschrecken
   c. um Weibchen anzulocken

115. Wie legen Grasfrösche ihren Laich ab?
   a. als Laichschnüre
   b. als Laichballen
   c. als Eier einzeln ins Wasser

116. **Wie lang sind die Laichschnüre der Erdkröte?**
   a. 50 cm
   b. 30 cm
   c. 2–5 m

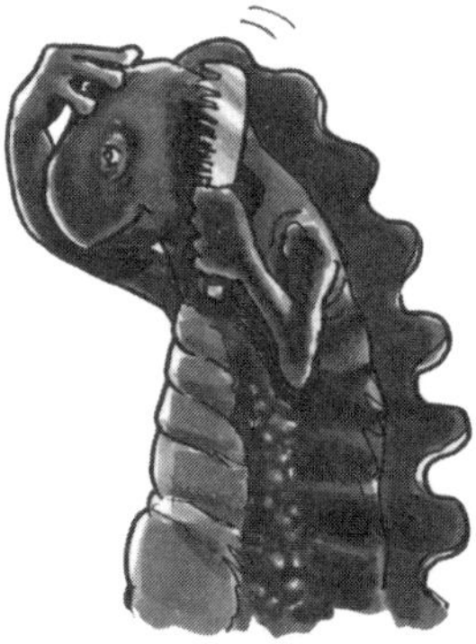

117. **Wer besitzt bei Kammmolchen einen Kamm?**
   a. die Männchen
   b. die Weibchen
   c. die Larven

118. **Wie legen Molchweibchen ihre Eier ab?**
   a. als Laichschnüre
   b. als Laichballen
   c. einzeln

119. **Warum wird der Feuersalamander praktisch nie von Tieren gefressen?**
   a. wegen seiner Warntracht und seiner Fähigkeit, Gift abzusondern
   b. weil er laut fauchen kann
   c. weil er so schnell laufen kann

120. **Mit welchen Drüsen können Feuersalamander giftige Flüssigkeit absondern?**
   a. mit Ohrdrüsen und Tränendrüsen
   b. mit Ohrdrüsen und Hautdrüsen
   c. mit Tränendrüsen und Hautdrüsen

121. Wo leben Pfeilgiftfrösche?
   a. in der Nordsee
   b. in Teichen
   c. im süd- und mittelamerikanischen Regenwald

122. Woher stammt das Gift der Pfeilgiftfrösche?
   a. Es wird in Drüsen gebildet.
   b. Es stammt von giftigen Pflanzen.
   c. Es stammt von giftigen Beuteinsekten.

123. Welcher in Europa lebende Schwanzlurch besitzt lebenslang die Merkmale einer Larve?
   a. der Grottenfrosch
   b. der Grottenolm
   c. der Grottenlurch

124. Wie atmet der Grottenolm?
   a. mit Lungen
   b. mit Kiemen
   c. mit Lungen und Kiemen

125. Wo lebt der Grottenolm?
   a. in unterirdischen Höhlen
   b. in Baumhöhlen
   c. in Bächen

Willi
Wills
Wissen

Fußball

126. Wo darf der Torwart den Ball als einziger Spieler mit den Händen berühren?
   a. im eigenen Strafraum
   b. auf dem gesamten Spielfeld
   c. im Mittelkreis

127. Wie viele Spieler dürfen während eines Spiels maximal ausgewechselt werden?
   a. 2 Spieler
   b. 3 Spieler
   c. 5 Spieler

128. Was kann ein Grund dafür sein, ein Spiel abzubrechen?
   a. leichter Frost
   b. einsetzender Nieselregen
   c. starker Nebel

129. Was macht ein Schiedsrichter, um eine Verwarnung auszusprechen?
   a. Er pfeift drei Mal.
   b. Er zückt die Rote Karte.
   c. Er zückt die Gelbe Karte.

130. In welchem Fall muss der Fußball eine leuchtende Farbe, z. B. rot, haben?
   a. bei starkem Schneefall
   b. bei einem Länderspiel
   c. bei einem Freundschaftsspiel

131. Wie wird der Mittelkreis noch genannt?
   a. Torkreis
   b. Anstoßkreis
   c. Halbkreis

132. Wie heißt der „Elfmeterpunkt" eigentlich?
   a. Schiedsrichterkennzeichen
   b. Strafstoßmarke
   c. Foulmarkierung

133. Welcher Schiedsrichter kontrolliert die Trainer, die Auswechselspieler und die Betreuer?
   a. der „vierte Offizielle"
   b. der erste Linienrichter
   c. der zweite Ringrichter

134. Woran muss ein Torwart jederzeit und deutlich zu erkennen sein?
a. an seiner Schutzbrille
b. an seinem Ausweis
c. an seiner besonderen Kleidung

135. Wann wird ein Tor anerkannt?
a. Wenn sich der Ball vollständig hinter der Torlinie befindet.
b. Wenn der Ball die Latte berührt.
c. Wenn der Ball die Torlinie berührt.

136. Was passiert, wenn ein Ball gegen eine Eckfahne prallt und zurück aufs Spielfeld rollt?
a. Es gibt einen Einwurf.
b. Es gibt einen Eckstoß.
c. Das Spiel wird fortgesetzt.

137. Wie lang muss ein Spielfeld bei internationalen Begegnungen sein?
a. 80–90 m
b. 90–100 m
c. 100–110 m

138. Welche Regel wird bei Hin- und Rückspielen in internationalen Begegnungen angewandt?
a. die Auswärtstorregel
b. die Doppeltorregel
c. die Stadttorregel

139. Welche Organisation berät und ändert die Fußballregeln?
a. Deutscher Fußballbund (DFB)
b. International Football Association Board (IFAB)
c. Union of European Football Associations (UEFA)

140. Welchen Radius muss der Anstoßkreis haben?
a. 1 m
b. 5,50 m
c. 9,15 m

141. Wie groß muss der Abstand zwischen den Innenkanten der Torpfosten sein?
a. 7,32 m
b. 8 m
c. 11 m

142. Welche beiden Assistenten unterstützen den Schiedsrichter?
   a. die Streckenposten
   b. die Linienrichter
   c. die Ringrichter

143. Womit ahndet der Schiedsrichter ein Foul außerhalb des Strafraums?
   a. mit einem Strafstoß
   b. mit einem Rückstoß
   c. mit einem Freistoß

144. Welche Regel gilt als die schwierigste Fußballregel?
   a. die Jenseitsregel
   b. die Abseitsregel
   c. die Auswärtsregel

145. Welchen Abstand müssen alle gegnerischen Spieler bei einem Freistoß vom Ball haben?
   a. 2 m
   b. 22,22 m
   c. 9,15 m

146. Welcher Spieler bringt den Ball durch einen Einwurf wieder ins Spiel?
   a. der Spieler, der den Ball ins Aus geschossen hat
   b. einer der beiden Torwarte
   c. ein Spieler der nicht ballführenden Mannschaft

147. Welche Farbe dürfen Pfosten und Querlatte außer Weiß haben?
   a. Gold
   b. Silber
   c. Bronze

148. Welchen Grund gibt es neben einem Foul für einen Strafstoß?
   a. Handspiel
   b. Abseits
   c. Abstoß

149. Wie viele Spieler einer Mannschaft müssen mindestens immer auf dem Platz sein?
   a. sieben Spieler
   b. neun Spieler
   c. zehn Spieler

150. Was darf ein Torwart außerhalb des Strafraumes nicht machen?
   a. sich am Sturm auf das gegnerische Tor beteiligen
   b. den Ball absichtlich mit der Hand spielen
   c. den Ball in den gegnerischen Strafraum schießen

151. Welches Land hat bis 2006 insgesamt fünf Mal den WM-Titel gewonnen?
   a. Brasilien
   b. Deutschland
   c. Argentinien

152. In welchem Jahr wurde erstmals eine Fußball-WM im Damenfußball ausgetragen?
   a. 1972
   b. 1991
   c. 2004

153. In welchem Land fand 1930 die erste Fußball-WM statt?
   a. England
   b. Deutschland
   c. Uruguay

154. Welches Land wurde mit seiner Nationalmannschaft 1990 Weltmeister?
a. Brasilien
b. Frankreich
c. Deutschland

155. Bei welcher WM waren zum ersten Mal gleich zwei Länder Gastgeber?
a. 2002
b. 1978
c. 1966

156. Welchen Platz erreichte Deutschland bei der Weltmeisterschaft 1986 in Mexiko?
a. den 2. Platz
b. den 3. Platz
c. den 11. Platz

157. In welchem Jahr wurde Deutschland von der WM-Teilnahme ausgeschlossen und Uruguay Weltmeister?
a. 1950
b. 1954
c. 1958

158. Wer schoss das Siegtor im Endspiel 1974?
   a. Gerd Müller
   b. Paul Breitner
   c. Günter Netzer

159. Welches Land war Austragungsort der Fußball-WM 1974?
   a. Frankreich
   b. England
   c. Deutschland

160. Welche Mannschaft wurde 1978 im eigenen Land Weltmeister?
   a. Brasilien
   b. Mexiko
   c. Argentinien

161. Unter welchem Namen wurde das umstrittene Tor des Finales der WM 1966 in England bekannt?
   a. London-Tor
   b. Doppel-Tor
   c. Wembley- Tor

162. Unter welchem Schlagwort wurde der Gewinn der Fußball-WM 1954 in Deutschland gefeiert?
   a. „Das Glück von Rom“
   b. „Das Wunder von Bern“
   c. „Der Zufall von München“

163. Welches ist das kleinste Land, das jemals an einer Weltmeisterschaft teilgenommen hat?
   a. Costa Rica
   b. Slowenien
   c. Trinidad und Tobago

164. Was wurde im Jahr 1900 gegründet?
   a. der Deutsche Fußball-Bund (DFB)
   b. die Bundesliga
   c. die Vereinigung Not leidender Schiedsrichter

165. Welche neue Fußballregel wurde 1896 in Deutschland festgelegt?
   a. Schiedsrichter sind nicht mehr zugelassen.
   b. Das Spielfeld muss frei von Bäumen und Sträuchern sein.
   c. Es darf nur ein Ball im Spiel sein.

166. In welchem Jahr fand das erste Länderspiel der Fußballgeschichte statt?
   a. 1920
   b. 1872
   c. 1655

167. Was wurde von einem Schiedsrichter im Jahr 1878 erstmals eingesetzt?
   a. die Rote Karte
   b. der Schlagstock
   c. die Trillerpfeife

168. Welchen Namen trug die erste Europameisterschaft im Jahr 1960?
   a. Europapokal der Nationen
   b. Wettbewerb der Euroländer
   c. kleine WM

169. In welchem Land wurde schon vor mehr als 3.000 Jahren eine Art Fußball gespielt?
   a. in Deutschland
   b. in den USA
   c. in China

170. Wie hieß die Champions League vor 1992?

a. Europameisterschaft der Vereine
b. Wettbewerb der EU-Meister
c. Europapokal der Landesmeister

171. Unter welchem Namen ist Fußball in den USA bekannt?

a. Football
b. Soccer
c. Baseball

172. Aus wie vielen Spielern bestanden die ersten Fußballmannschaften im 19. Jahrhundert?

a. aus 7 Spielern
b. aus 11 Spielern
c. aus 15 bis 20 Spielern

173. Was tragen Fußballer seit 1939?

a. Stollen
b. Rückennummern
c. Handschuhe

174. Was ist seit 1995 erlaubt?
   a. die Abseitsregel
   b. der Einsatz von zwei Torwarten
   c. die Einwechselung von bis zu drei Ersatzspielern

175. Was war bis 1903 erlaubt?
   a. das Spiel mit zwei Bällen
   b. Handspiel des Torwarts auf dem gesamten Spielfeld
   c. der Einsatz von Fußballhunden

176. Welches Land wird oft als „Mutterland des Fußballs" bezeichnet?
   a. Großbritannien
   b. Deutschland
   c. Italien

177. Welcher Verein wurde bereits 1857 gegründet und ist somit der älteste Fußballclub der Welt?
   a. Real Madrid
   b. Juventus Turin
   c. Sheffield F. C.

178. Seit welchem Jahr ist Fußball eine olympische Disziplin?
  a. 1900
  b. 1928
  c. 1936

179. Welche Neuerung wurde 1890 eingeführt?
  a. der Schiedsrichter
  b. ein runder Ball
  c. Tornetze

180. Woher stammen die Ausdrücke „Flanke", „Abwehr", „Angriff" und „Deckung"?
  a. vom Olympischen Komitee
  b. vom Militär
  c. von Sepp Herberger

181. Was war bis 1870 erlaubt?
  a. ein zweiter Torwart im Tor
  b. das Handspiel der Feldspieler
  c. Boxhandschuhe

182. Was ist erst seit 1924 erlaubt?
   a. ein direkter Schuss aufs Tor
   b. ein Einwurf
   c. einen Eckball direkt in ein Tor zu verwandeln

183. Welcher Verband wurde 1904 gegründet?
   a. die Fédération Internationale de Football Association (FIFA)
   b. der Deutsche Fußball-Bund (DFB)
   c. die Union of European Football Associations (UEFA)

184. Wie viele Nationen sind Mitglied in der FIFA, dem Weltfußballverband?
   a. 122
   b. 191
   c. 208

185. Welche Maßnahme wurde 1970 eingeführt?
   a. das Golden Goal
   b. Elfmeterschießen nach der Verlängerung
   c. das Silver Goal

186. In welchem Jahr wurden die Gelben und Roten Karten eingeführt?
   a. 1908
   b. 1970
   c. 1996

187. In welchem Jahr wurde Frauenfußball zur olympischen Disziplin?
   a. 1908
   b. 1932
   c. 1996

188. Was wurde 1882 endlich erlaubt?
   a. Einwurf mit beiden Händen
   b. die Öffnung der Tore
   c. der Fallrückzieher

189. Was wurde 1902 an den Linien des Spielfeldes geändert?
   a. Der Mittelkreis wurde zu einem Viereck.
   b. Der Elfmeterkreis wurde zu einem Elfmeterpunkt.
   c. Der ursprüngliche Strafraumhalbkreis wurde zu einem Rechteck.

190. Was kann der Schiedsrichter seit 1984 mit der Gelben Karte bestrafen?
   a. überschwänglichen Jubel
   b. Müdigkeit der Spieler
   c. zu häufige Eckstöße

191. In welchem Land wurden 1846 die ersten Spielregeln verfasst?
   a. Irland
   b. Schottland
   c. England

192. Welcher Verband wurde 1954 in der Schweiz gegründet?
   a. die ITF
   b. die ARD
   c. die UEFA

193. Aus welchem Land kam der Schiedsrichter, der erstmals eine Trillerpfeife einsetzte?
   a. Italien
   b. England
   c. Holland

194. Was wurde 1897 in Irland erstmals praktiziert?
   a. eine Verlängerung
   b. eine Halbzeitpause
   c. ein Golden Goal

195. Welche Mannschaft gewann 1900 das erste olympische Fußballturnier?
   a. Japan
   b. England
   c. Deutschland

196. Was sind die Vorbilder für die Tore gewesen?
   a. Schleusentore
   b. Scheunentore
   c. Stadttore

197. In welchem Jahr wurde zum ersten Mal ein Spiel unter Flutlichtern ausgetragen?
   a. 1887
   b. 1921
   c. 1955

198. Welche Mannschaft ist seit der Gründung der Bundesliga ununterbrochen dabei?
   a. der Hamburger SV
   b. der FC Bayern München
   c. Schalke 04

199. Welcher Spieler schoss die bislang meisten Bundesligatore?
   a. Franz Beckenbauer
   b. Michael Rummenigge
   c. Gerd Müller

200. Welche Bundesliga-Mannschaft nimmt an der Champions League teil?
   a. nur der aktuelle Meister
   b. der Meister und der Vizemeister
   c. Meister, Vizemeister und der Tabellendritte

201. Welche Mannschaften steigen nach Abschluss der Spielsaison ab?
   a. der 18. Platz
   b. der 16. bis 18. Platz
   c. der 15. bis 18. Platz

202. Welcher Verein stieg 1965 nach 31 verlorenen Spielen in Folge ab und nie wieder in die Bundesliga auf?
   a. Tasmania 1900
   b. Hertha BSC Berlin
   c. Karlsruher SC

203. Welche ostdeutsche Mannschaft wurde 1991 in die Bundesliga aufgenommen?
   a. FC Energie Cottbus
   b. VfB Leipzig
   c. FC Hansa Rostock

204. Welcher Spieler hatte mit 602 Spielen die meisten Einsätze in der Geschichte der Bundesliga?
   a. Karl-Heinz Körbel
   b. Uwe Seeler
   c. Sepp Maier

205. Welchem Verein gelang 1971 die erste Titelverteidigung in der Geschichte der Bundesliga?
   a. Borussia Mönchengladbach
   b. FC Bayern München
   c. 1. FC Kaiserslautern

206. Welche Münchner Mannschaft wurde 1966 Deutscher Meister?
   a. Bayern München
   b. SpVgg Unterhaching
   c. TSV 1860 München

207. Wie hoch gewann Borussia Mönchengladbach in der Saison 1977/78 gegen Borussia Dortmund?
   a. 7 : 0
   b. 9 : 1
   c. 12 : 0

208. Welche dieser Mannschaften war 1963 nicht unter den Gründungsmitgliedern der Bundesliga?
   a. 1. FC Nürnberg
   b. FC Bayern München
   c. TSV 1860 München

209. Welche Mannschaft wurde 1986 Deutscher Meister, ohne zuvor auch nur einen Spieltag lang Tabellenführer gewesen zu sein?
   a. Bayern München
   b. 1. FC Köln
   c. Bayer Leverkusen

210. Was bedeutet das Wort „Borussia" im Namen von mehreren Fußballvereinen?
   a. Preußen
   b. Sportler
   c. Sieger

211. Welcher Mannschaft gelang es als Aufsteiger, Deutscher Meister zu werden?
   a. Fortuna Düsseldorf
   b. Arminia Bielefeld
   c. 1. FC Kaiserslautern

212. Welcher Verein wurde 1964 erster Meister der neu gegründeten Bundesliga?
   a. 1. FC Kaiserslautern
   b. 1. FC Köln
   c. 1. FC Nürnberg

213. Welcher Verein wurde 1968 Deutscher Meister und stieg im Jahr darauf ab?
   a. Hertha BSC Berlin
   b. Arminia Bielefeld
   c. 1. FC Nürnberg

214. Welcher Mannschaft gelang in der Saison 2003/04 zum siebten Mal der Aufstieg in die Bundesliga?
   a. Arminia Bielefeld
   b. TSV 1860 München
   c. 1. FC Saarbrücken

215. Wer ist mit acht Meistertiteln der erfolgreichste Trainer in der Bundesliga?
   a. Otto Rehhagel
   b. Udo Lattek
   c. Ottmar Hitzfeld

216. Welche Münchner Mannschaft spielte von 1999 bis 2001 in der Bundesliga?
   a. SpVgg Unterhaching
   b. TSV 1860 München
   c. Münchner Kickers

217. Welche heutige Regionalligamannschaft spielte 22 Jahre in der Bundesliga?
   a. Fortuna Köln
   b. Rot-Weiss Essen
   c. Fortuna Düsseldorf

218. Welchen Spitznamen trägt der 1. FC Köln?
   a. die Rheinländer
   b. die Domspatzen
   c. die Geißböcke

219. Welcher Verein spielt erst seit 1979 in der Bundesliga, seitdem aber ununterbrochen?
   a. VfL Wolfsburg
   b. Bayern München
   c. Bayer Leverkusen

220. Welcher Verein hat die häufigsten Trainerwechsel in der Geschichte der Bundesliga?
   a. Eintracht Frankfurt
   b. Bayern München
   c. FC Schalke 04

221. Wie viele ausländische Spieler waren in der ersten Saison 1963 in der Bundesliga vertreten?
   a. ein Spieler
   b. sechs Spieler
   c. insgesamt 22 Spieler

222. Welcher Torwart erzielte als Torschütze bislang 26 Tore?
   a. Oliver Kahn
   b. Jens Lehmann
   c. Jörg Butt

223. Welcher Torwart stand für seine Mannschaft bei allen Spielen im Tor?
   a. Sepp Maier
   b. Eike Immel
   c. Oliver Reck

224. In welcher Stadt ist der FC Schalke 04 beheimatet?
   a. Essen
   b. Gelsenkirchen
   c. Dortmund

225. Wie heißt die höchste deutsche Spielklasse im bezahlten Fußball?
   a. Landesliga
   b. Bundesliga
   c. Euroliga

226. Welcher deutsche Trainer wurde mit der griechischen Nationalmannschaft Europameister 2004?
   a. Lothar Matthäus
   b. Berti Vogts
   c. Otto Rehhagel

227. Welcher deutsche Trainer konnte wegen einer Drogenaffäre nicht Bundestrainer werden?
   a. Christoph Daum
   b. Jürgen Klopp
   c. Rudi Völler

228. Welcher dieser Sätze stammt von dem italienischen Trainer Giovanni Trapattoni?
   a. „Da werden Sie geholfen."
   b. „Ich habe fertig!"
   c. „Vorne ist für mich auch hinten."

229. Welcher deutsche Trainer gewann mit zwei verschiedenen Vereinen die Champions League?
   a. Felix Magath
   b. Ottmar Hitzfeld
   c. Rudi Völler

230. Von welchem Trainer stammt die Feststellung „Der Ball ist rund und das Spiel dauert 90 Minuten"?
   a. Helmut Schön
   b. Sepp Herberger
   c. Jupp Derwall

231. Welcher deutsche Ex-Fußballspieler hat die deutsche Nationalmannschaft 1990 zur Weltmeisterschaft geführt?
   a. Paul Breitner
   b. Franz Beckenbauer
   c. Sepp Maier

232. Welche Nationalmannschaften hat Berti Vogts neben Deutschland und Schottland noch trainiert?
   a. Kuwait und Nigeria
   b. Elfenbeinküste und Schweiz
   c. Costa Rica und Russland

233. Wer war von 2000 bis 2004 Trainer der deutschen Nationalmannschaft?
   a. Jürgen Klinsmann
   b. Rudi Völler
   c. Berti Vogts

234. Welche Nationalmannschaft wurde zwei Jahre lang von Lothar Matthäus trainiert?
   a. Ukraine
   b. Ungarn
   c. Tschechien

235. Wer ist seit 2005 Trainerin der deutschen Frauen-Nationalmannschaft?
  a. Silvia Neid
  b. Doris Fitschen
  c. Martina Voss

236. Welcher Ausnahmetrainer gewann allein mit Bayern München sechs Mal die Deutsche Meisterschaft?
  a. Sepp Herberger
  b. Helmut Schön
  c. Udo Lattek

237. Welchen Beruf hat der ehemalige Bundestrainer Jürgen Klinsmann erlernt?
  a. Koch
  b. Bäcker
  c. Friseur

238. Unter welchem Namen wurde der brasilianische Stürmer Edson Arantes do Nascimento weltbekannt?
  a. Ewerthon
  b. Pelé
  c. Ronaldo

239. Welcher französische Fußballer wurde 1998, 2000 und 2003 zum „Weltfußballer des Jahres" gewählt?
   a. Alphonse Alphonso
   b. Martin Martini
   c. Zinedine Zidane

240. Welcher Torhüter war bis 2004 Kapitän der deutschen Nationalmannschaft?
   a. Oliver Kahn
   b. Oliver Bierhoff
   c. Oliver Neuville

241. Welcher brasilianische Stürmer wurde drei Mal zum „Weltfußballer des Jahres" gewählt?
   a. Ewerthon
   b. Renato
   c. Ronaldo

242. Unter welchem Namen wurde der Brasilianer Ronaldo de Assis Moreira bekannt?
   a. Roberto
   b. Ronaldo
   c. Ronaldinho

243. Welcher deutsche Spieler und Trainer ist als „Kaiser“ bekannt?
   a. Uwe Seeler
   b. Franz Beckenbauer
   c. Lothar Matthäus

244. Welcher argentinische Fußballstar wird von seinen Fans als „Gott“ bezeichnet?
   a. Diego Maradona
   b. Emiliano Molina
   c. Javier Zanetti

245. Welcher deutsche Fußballer aus Görlitz wurde mehrfach zum „Fußballer des Jahres“ gewählt?
   a. Andreas Brehme
   b. Michael Ballack
   c. Mario Basler

246. Welcher deutsche Stürmer ist seit 2004 Manager der deutschen Nationalmannschaft?
   a. Klaus Augenthaler
   b. Torsten Frings
   c. Oliver Bierhoff

247. Welcher deutsche Stürmer war 1954 Kapitän der deutschen Nationalmannschaft?
  a. Fritz Walter
  b. Helmut Rahn
  c. Sepp Herberger

248. Für welchen Bundesligaverein hat Uwe Seeler während seiner ganzen Karriere gespielt?
  a. Bayern München
  b. HSV
  c. Schalke 04

249. Welcher deutsche Nationalspieler wechselte 2006 vom 1.FC Köln zu Bayern München?
  a. Lukas Podolski
  b. Marcel Jansen
  c. Philip Lahm

250. Welcher deutsche Stürmer und Weltmeister von 1954 wurde „Der Boss" genannt?
  a. Helmut Haller
  b. Helmut Rahn
  c. Helmut Schön

Willi
Wills
Wissen

Wale & Delfine

251. Warum sind Wale Säugetiere?

a. weil sie ein Fell haben
b. weil sie Kiemen und Flossen haben
c. weil sie mit Lungen atmen, lebende Junge gebären und diese säugen

252. Was sind Zahnwale?

a. Fische mit zahnförmigen Bauchflossen
b. Meeressäuger mit Zähnen
c. Wale mit zahnförmiger Schwanzflosse

253. Warum können Wale an Land nicht überleben?

a. weil sie Kiemen haben
b. weil sie so schwer sind
c. weil sie keine Beine haben

254. Was ist bei den Zahnwalen zurückgebildet?

a. die Schnauze
b. das Ohr
c. die hinteren Gliedmaßen

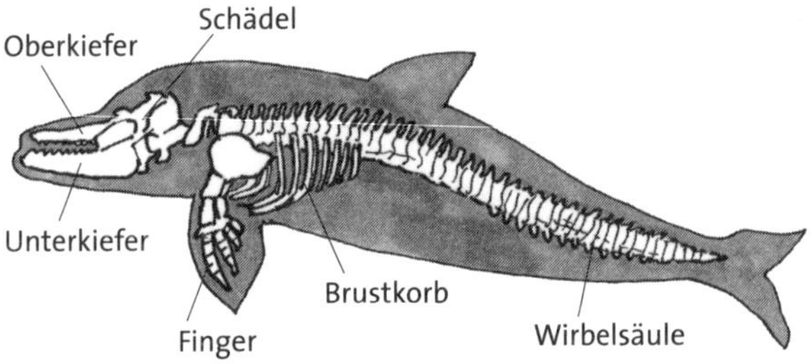

255. Wo werden Walbabys geboren?
a. im Meer
b. am Strand
c. im Süßwasser

256. Wie viele Junge bringt eine Walmutter gleichzeitig auf die Welt?
a. drei
b. vier bis fünf
c. eines

257. Wovon ernähren sich Bartenwale?
a. von Plankton
b. von Muscheln
c. von Fischen

258. Was bezeichnet man als Finne?
a. die Rückenflosse der Haie und Wale
b. den Filterapparat der Bartenwale
c. die Zitze der Walweibchen

259. Was ist Blubber?
a. der Name eines berühmten Killerwals
b. die Speckschicht der Wale
c. die ausgestoßene Atemluft der Wale

260. Wie viele Nasenlöcher haben Bartenwale?
   a. eines
   b. zwei
   c. drei

261. Warum darf das Blasloch bei einem gestrandeten Wal nicht bedeckt werden?
   a. weil der Wal durch das Blasloch atmet
   b. weil der Wal sich sonst verschluckt
   c. weil der Wal dort besonders empfindlich ist

262. Wie heißt das größte Tier der Welt?
   a. Blauwal
   b. großer Schwertwal
   c. Pottwal

263. Wie viel wiegen Blauwale?
   a. weniger als 5 Elefanten
   b. etwa soviel wie 10 Elefanten
   c. mehr als 15 Elefanten

264. Wie lang kann ein Blauwal werden?
   a. 100 m
   b. 26–33 m
   c. bis zu 18 m

265. Wozu dient der Gänseschnabel eines Wals?
   a. Er dient zum Beutefang.
   b. Er verhindert, dass Wasser in die Lunge dringt.
   c. Er hilft ihm beim Fortbewegen.

266. Welche Wale gelten als die schnellsten Schwimmer?
   a. Furchenwale
   b. Killerwale
   c. Gründelwale

267. Wie heißt die größte Delfinart?
   a. Großer Flipper
   b. Großer Schwertwal
   c. Kleiner Tümmler

268. Wo lebt der Große Tümmler?
   a. in allen Ozeanen
   b. im Atlantik und Pazifik
   c. in allen tropischen Meeren

269. Welche Töne können Tümmler ausstoßen?
  a. Schnalzlaute
  b. Quietschlaute
  c. Pfeiftöne und Klicklaute

270. Welches Merkmal ist typisch für Schnabelwale?
  a. die schnauzenförmige Rückenfinne
  b. die kurze Schnauze
  c. die lang gezogene Schnauze

271. Wie jagen Delfine?
  a. in Gruppen
  b. gar nicht
  c. einzeln

272. Warum ist der Nördliche Entenwal eine leichte Beute für Walfänger?
  a. weil er eine auffällige Färbung hat
  b. weil er so neugierig ist
  c. weil er so langsam schwimmt

273. Was fehlt den Gründelwalen?

a. das Nasenloch
b. die Rückenfinne
c. die Schwanzflosse

274. Woher kommt der Name „Gründelwal"?

a. von der Schwanzflosse, dem „Gründel"
b. von den Jungen, die „Gründel" genannt werden
c. von der Art der Nahrungsaufnahme, dem „Gründeln"

275. Wie lang wird der Pottwal?

a. über 10 m lang
b. bis zu 20 m lang
c. bis zu 30 m lang

276. Bis in welche Tiefen kann der Pottwal tauchen?

a. bis in 30 m Tiefe
b. bis in 500 m Tiefe
c. bis in 3.000 m Tiefe

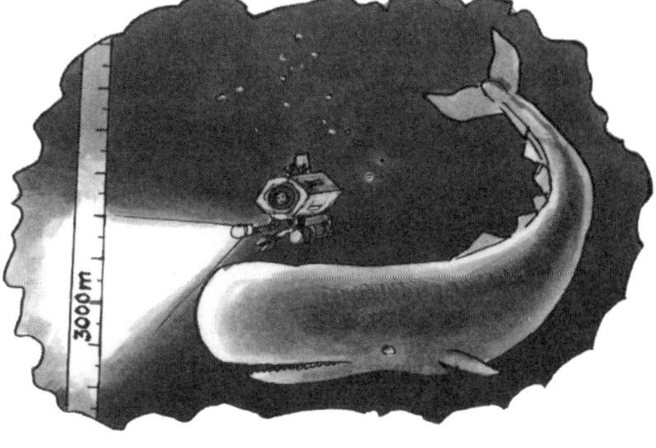

277. In welcher Entfernung können Buckelwale die Töne ihrer Artgenossen noch hören?
a. in 500 m Entfernung
b. in 10 km Entfernung
c. einige 1.000 km weit entfernt

278. Warum stranden lebende Wale?
a. um ihre Jungen zu gebären
b. weil sie krank sind
c. weil sie sich verirrt haben

279. Wie lang wird der Schweinswal?
a. bis 2,5 m
b. bis 4 m
c. bis 50 cm

280. Wer hat Moby Dick erfunden?
a. ein Erfinder
b. ein Walforscher
c. ein Schriftsteller

281. Was ist Tran?
a. ein fettes Öl aus dem Fettgewebe von Meerestieren
b. Walknochen
c. Fett aus der Leber eines Wales

282. Wie viele Blauwale gibt es heute noch?
   a. ca. 200.000
   b. ca. 50.000
   c. ca. 5.000

283. Wer oder was gefährdet die in der Nordsee lebenden Wale?
   a. Angler
   b. Fischernetze
   c. Schnellboote

284. Was ist das Besondere am Narwal?
   a. sein riesiger Stoßzahn aus Elfenbein
   b. er ist vom Aussterben bedroht
   c. seine Furchen auf der Körperunterseite

285. Wie alt werden im Meer lebende Orcas?
   a. bis zu 20 Jahre
   b. bis zu 50 Jahre
   c. bis zu 80 Jahre

286. Wie heißt der kleinste Wal, der in der Nordsee lebt?
   a. Blauwal
   b. Schweinswal
   c. Miniwal

287. Welchen Wal gibt es nicht?
   a. Pottwal
   b. Buckelwal
   c. Topfwal

288. Welche Walarten werden besonders häufig für Delfinarien gefangen?
   a. Orcas
   b. Blauwale
   c. Pottwale

289. Was verbietet das Washingtoner Artenschutzübereinkommen (WA) unter anderem?
   a. Wale zu füttern
   b. Walprodukte einzuführen
   c. Wale zu beobachten

290. Welche Göttin der griechischen Mythologie wird von einem Delfin begleitet?
   a. Hera
   b. Demeter
   c. Aphrodite

291. Wie schnell können Delfine schwimmen?
   a. bis zu 10 km pro Stunde
   b. bis zu 40 km pro Stunde
   c. bis zu 90 km pro Stunde

292. Wie lange bleiben junge Delfine bei ihren Muttertieren?
   a. bis zu sechs Jahre
   b. bis zu sechs Monate
   c. bis zu zwei Jahre

293. Wobei helfen die Sprünge der Delfine?
   a. bei der Partnersuche
   b. bei der Suche nach Futterplätzen
   c. bei der Abwehr von Feinden

294. Womit atmen Delfine?
   a. mit dem Mund
   b. mit den Kiemen
   c. mit einem Atemloch

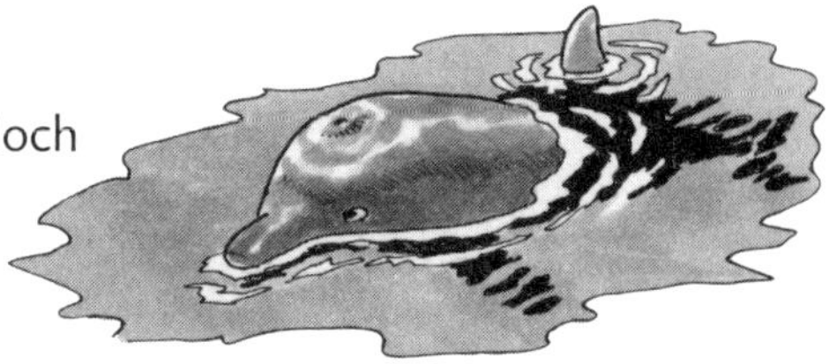

295. Wie orientieren sich Delfine?
   a. Sie haben gute Augen.
   b. Sie orientieren sich an Schallwellen.
   c. Sie merken sich bestimmte Markierungspunkte.

296. Was ist ein Seehund?
   a. ein Vertreter der Seekühe
   b. eine Delfinart
   c. eine Robbenart

297. Wie heißt ein sehr berühmter „Fernseh-Delfin"?
   a. Flipper
   b. Skipper
   c. Kipper

298. Welche im Meer lebenden Säugetiere kommen immer wieder an Land?
   a. Robben
   b. Wale
   c. Delfine

299. Was fressen Robben?
   a. Vögel
   b. Seegras
   c. Fische und andere kleine Meerestiere

300. Wie lange können Seehunde tauchen?
   a. 30 Minuten
   b. 2 Stunden
   c. 4 Stunden

301. Wo leben Seekühe?
a. im offenen Meer
b. in Küstennähe
c. in der Tiefsee

302. Was fressen Seekühe?
a. Fische
b. Seegras und Algen
c. Plankton

303. Was ist ein Walross?
a. eine Robbe
b. ein Delfin
c. ein Knochenfisch

304. Was frisst ein Walross?
a. Algen und Seegras
b. Delfine und Robben
c. Muscheln, Schnecken, Krebstiere, Seegurken

305. Wie heißt die größte Robbenart der Welt?
a. die Riesenmönchs-Robbe
b. der See-Elefant
c. der Blauwal

306. Wie schwer wird ein Seehund?
a. bis 70 kg
b. bis 150 kg
c. bis 200 kg

307. Wie nennt man ein verwaistes Seehundbaby?
a. Schreier
b. Brüller
c. Heuler

308. Warum werden so viele Seehunde erlegt?
a. um ihnen dann das Fell abzunehmen
b. wegen ihres Fleisches
c. weil sie oft krank sind

309. Warum bläht der männliche See-Elefant manchmal seinen Rüssel?
a. um Nahrung anzulocken
b. um Rivalen zu verjagen
c. um auszuatmen

310. Wie viel Prozent der Erdoberfläche ist von Wasser bedeckt?
a. mehr als zwei Drittel (71 %)
b. etwa ein Drittel (34 %)
c. etwa die Hälfte (52 %)

311. Wie viele Ozeane gibt es auf der Erde?
  a. sechs
  b. fünf
  c. drei

312. Wie hoch ist der durchschnittliche Salzgehalt der Meere?
  a. etwa 50 %
  b. rund 3,5 %
  c. rund 0,8 %

313. Welcher Teil der Weltmeere ist am tiefsten?
  a. der Atlantik
  b. das Mittelmeer
  c. der Pazifik

314. Was bezeichnet man als Plankton?
  a. Schnecken
  b. kleine Fische
  c. im Wasser treibende und schwebende kleine Lebewesen

315. Was wächst auf dem Meeresboden?
  a. Schwämme
  b. Seifen
  c. Bürsten

316. Was ist „Krill"?
a. Algen
b. Kleinkrebse
c. abgestorbene Pflanzen

317. Was haben Schwämme nicht?
a. Kiemen
b. Flossen
c. Nerven- und Muskelgewebe

318. Wie nehmen Schwämme ihre Nahrung auf?
a. durch den Mund
b. durch Filterzellen
c. durch Muskeln

319. Welches in den australischen Meeren lebende Nesseltier ist besonders gefährlich?
a. die Feuerkoralle
b. die Rote Meduse
c. die Seewespe

320. Welche Tiere zählen zu den Stachelhäutern?
a. Igel
b. Schlangensterne, Seesterne, Seegurken und Seeigel
c. Dornhaie

321. Was sind Kiemen?

a. die Atmungsorgane vieler Wassertiere

b. Flossen der Haie

c. Meereswürmer

322. Wie werden die Eier von Fischen genannt?

a. Bleich

b. Reich

c. Laich

323. Wie atmen Meeresschnecken?

a. mit Lungen

b. mit Kiemen

c. gar nicht

324. Was sind Seepocken?

a. eine Krebsart

b. eine Muschelart

c. ein Meeresfisch

325. Wo liegen die Atmungsorgane der Krebse?

a. am Kopf

b. an den Beinen

c. am Bauch

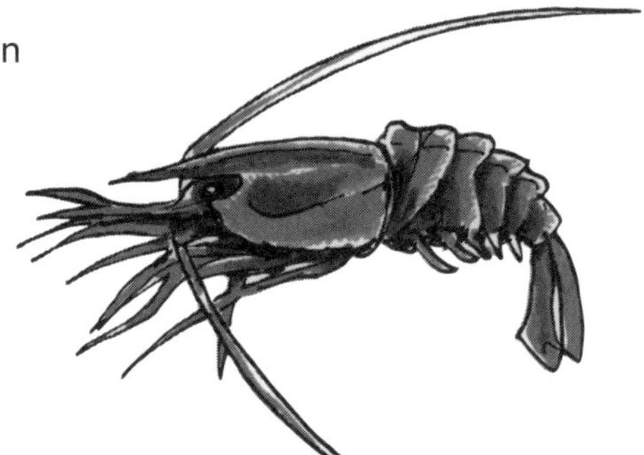

326. Welches Merkmal ist typisch für Garnelen?
a. lange Fühler und zehn Füße
b. Rundaugen und vier Füße
c. langer Schwanz und zwölf Füße

327. Welche Qualle ist am giftigsten?
a. die Meeresqualle
b. die Segelqualle
c. die Würfelqualle

328. Wozu braucht ein Taschenkrebs seine Scheren?
a. zum Graben im Sand
b. zum Schwimmen
c. zum Aufbrechen der Beute

329. Wie schützt der Einsiedlerkrebs seinen Körper?
a. mit einem Außenskelett
b. mit einem Schneckenhaus
c. mit einer Lederhaut

330. Wie heißt das größte an Land lebende Krebstier?
a. Palmendieb
b. Schneckenpirat
c. Muschelräuber

331. Warum ist die Meeresschildkröte bedroht?
 a. weil sie zu wenig Nachwuchs hat
 b. weil sie von Haien gejagt wird
 c. weil ihr Schildpanzer so begehrt ist

332. Zu welcher Tierklasse gehören Hummer und Garnelen?
 a. zu den Insekten
 b. zu den Krebsen
 c. zu den Spinnen

333. Zu welcher Tiergruppe gehört die Meeresschildkröte?
 a. zu den Fröschen und Kröten
 b. zu den Kriechtieren
 c. zu den Säugetieren

334. Welche Meerestiere bezeichnet man als Weichtiere?
 a. Schnecken, Muscheln, Tintenfische und Kraken
 b. Würmer, Schnecken, Muscheln und Krebse
 c. Schwämme, Seesterne, Seeigel und Muscheln

335. Warum kommen Suppenschildkröten an Land?
a. um Eier abzulegen
b. um zu Schlafen
c. um Nahrung zu suchen

336. Was fressen Suppenschildkröten am liebsten?
a. kleine Fische
b. Algen und Seegräser
c. Krebse

337. Was sind „wechselwarme Tiere"?
a. Tiere mit erhöhter Temperatur
b. Tiere mit sich anpassender Temperatur
c. Tiere mit gleich bleibender Temperatur

338. Welche wechselwarmen Tiere gibt es außer Fischen noch?
a. Säugetiere
b. Amphibien, Reptilien, Insekten
c. Vögel

339. Wo lebt das Spitzkrokodil?
   a. am Strand
   b. in Flüssen
   c. in Sümpfen

340. Wie groß wird das Spitzkrokodil?
   a. bis zu 2 m
   b. bis zu 7 m
   c. bis zu 9 m

341. Wo leben Pinguine?
   a. am Nordpol
   b. am Südpol
   c. am Äquator

342. Welcher Wasservogel kann am besten tauchen?
   a. der Seeadler
   b. die Silbermöwe
   c. der Kaiserpinguin

343. Bei welchem Meerestier heilen Wunden am schnellsten?
   a. beim Seeigel
   b. beim Hai
   c. beim Wal

344. Zu welcher Tiergruppe zählt das Perlboot?
a. zu den Krebsen
b. zu den Fischen
c. zu den Kopffüßern

345. Was frisst Nautilus?
a. Seegras
b. Aas
c. Schnecken

346. Welche Fischarten kommen am häufigsten im Meer vor?
a. Knochenfische
b. Knorpelfische
c. Walfische

347. Was sind Knochenfische?
a. versteinerte Fische (Fossilien)
b. Stachelhaie
c. Fische mit verknöchertem Skelett

348. Wovon ernährt sich der Walhai?
a. nur von Plankton
b. von Fischen und Robben
c. von Muscheln und Schnecken

349. Wie lang ist ein Walhai?
- a. 5 m
- b. 12 m
- c. 18 m

350. In welchem Alter bekommen Haie Nachwuchs?
- a. mit zwei Jahren
- b. mit zehn bis zwölf Jahren
- c. mit fünf Jahren

351. Welcher Hai lebt in der Nordsee?
- a. der Hammerhai
- b. der Weiße Hai
- c. der Dornhai

352. Was ist typisch für einen Rochen?
- a. die sichelförmigen Flossen
- b. das hammerartige Maul
- c. der abgeflachte Körper und flügelähnliche Flossen

353. Wo halten sich Rochen meistens auf?
a. Sie verstecken sich hinter Felsen.
b. Sie schwimmen am Meeresboden.
c. Sie schwimmen an der Wasseroberfläche.

354. Was macht einen Stechrochen gefährlich?
a. seine spitzen Zähne
b. seine giftige Haut
c. sein peitschenartiger Schwanz

355. Was ist das besondere Merkmal eines Schwertfisches?
a. die lange Schnauze
b. der lange Schwanz
c. die spitzen Flossen

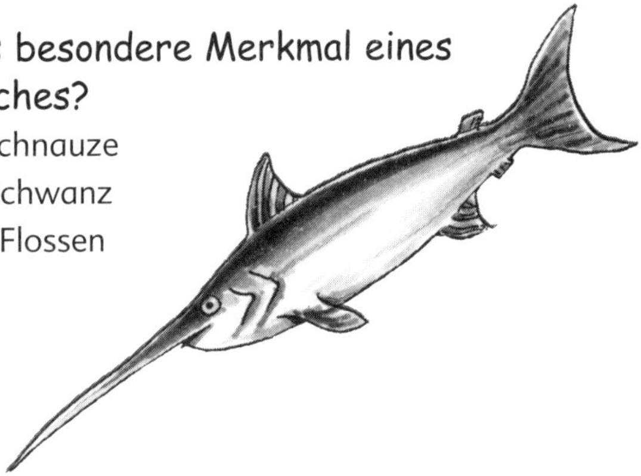

356. Was fressen Schwertfische am liebsten?
a. Algen
b. Tintenfische
c. Seehunde

357. Wie lang wird der Mantarochen?
a. etwa 80 cm lang
b. bis zu 7 m lang
c. 2 m lang

358. Wovon ernährt sich der Mantarochen?
a. von Heringen
b. von Schnecken
c. von Plankton

359. Welchen Fisch gibt es nicht?
a. Meisterfisch
b. Priesterfisch
c. Kaiserfisch

360. Was sind Schwarmfische?
a. Fische mit zurückgebildeten Flossen
b. Fische, die in Schwärmen leben
c. Fischarten mit Schwimmblase

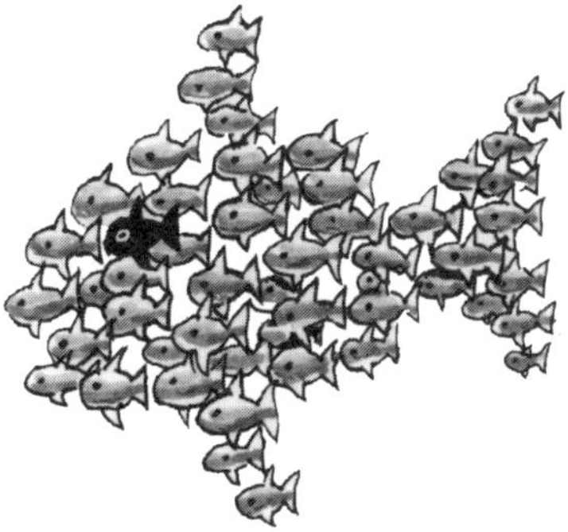

361. Zu welcher Fischart gehört die Sardine?
a. zur Familie der Heringe
b. zur Familie der Dorsche
c. zur Familie der Makrelen

362. Wo leben Sardinen?
a. im Atlantik und im Roten Meer
b. im Atlantik und Pazifik
c. im Atlantik, Mittelmeer und Schwarzem Meer

363. Welcher Schwarmfisch kommt in Teilen der Nord- und Ostsee vor?
a. der Stachelrochen
b. der Rotfeuerfisch
c. der Atlantische Hering

364. Was ist der Vorteil der Schwarmbildung?
a. Schutz vor räuberischen Fischarten
b. Schutz vor Befischung
c. besseres Nahrungsangebot

365. Was ist ein Rollmops?
a. eine gebratene Makrele
b. eine Ölsardine
c. ein in Essig und Salz eingelegter Hering

366. Zu welcher Fischart gehört der Thunfisch?
a. Meeressäuger
b. Makrelen-Fische
c. Heringe

367. Welche Form hat die Schwanzflosse der Thunfische?
a. sichelförmig
b. gabelförmig
c. schwertförmig

368. Wie nennt man Fische, die sich in der Nähe von Haien aufhalten?
a. Lotsenfische
b. Gefolgsfische
c. Parasitenfische

369. Welcher Fisch setzt Stromstöße frei?
a. der Gitarrenfisch
b. der Zitteraal
c. der Steckdosenfisch

370. Welcher Fisch kann elektrische Schläge erzeugen?
a. der Hammerhai
b. der Hecht
c. die Muräne

371. Welche in der Nordsee lebende Fischart ist inzwischen durch Überfischung gefährdet?
a. der Aal
b. der Tintenfisch
c. der Kabeljau

372. In welcher Meerestiefe kommen noch Fische vor?
   a. 4.600 m
   b. 5.600 m
   c. 10.900 m

373. Was gibt es in der Tiefsee nicht?
   a. Licht und Pflanzen
   b. Würmer
   c. Plankton

374. Was ist das Besondere an Säbelzahnfischen?
   a. säbelzahnförmige Schwänze
   b. säbelförmige Flossen
   c. große nach hinten gekrümmte Fangzähne

375. Was sind Armflosser?
   a. Knochenfische mit beinähnlichen Brustflossen
   b. Knorpelfische mit armartigen Flossen
   c. Meeressäuger mit Flossen

Willi
Wills
Wissen

Ritter

376. Welche Bevölkerungsgruppen unterschied man im Mittelalter?
   a. Reiche und Arme
   b. Arbeiter, Bauern und Adelige
   c. Geistliche, Adelige, Bauern und Bürger

377. Wer bildete den Adelsstand?
   a. alle reichen Leute
   b. „edle" Familien
   c. freie Bürger

378. Welcher Stand stellte den größten Teil der Bevölkerung?
   a. Bürger
   b. Bauern
   c. Arbeiter

379. Was ist ein Ritter?
   a. ein Reiterkrieger
   b. ein Soldat
   c. ein Reiter

380. Wen bezeichnete man im Mittelalter als „Bürger"?
a. nur Männer
b. alle Menschen
c. Bewohner eines Burgortes, einer befestigten Stadt oder eines Marktortes

381. Wie nannte der König seine untergebenen Ritter?
a. Knechte
b. Sklaven
c. Vasallen

382. Wie nannte man das Land, das ein Herrscher seinen Rittern überließ?
a. Lehen
b. Grundstück
c. Parzelle

383. Was waren die meisten Bauern im Mittelalter?
a. Grundbesitzer
b. freie Bürger
c. Leibeigene des Grundherren

384. Wer besaß im Mittelalter Grund und Boden?
a. freie Bauern
b. der König
c. Ritter

385. Wen bezeichnete man im Mittelalter als „Vasall"?
a. einen rechtlosen Leibeigenen
b. den Bewohner einer Burg
c. den Gefolgsmann eines Adeligen

386. Was erhielt der Vasall als Gegenleistung für seine Dienste?
a. Lebensmittel
b. Schutz und Ländereien
c. Geld

387. Wie konnte sich ein Vasall seinen Pflichten entziehen?
a. durch Geld
b. durch Flucht
c. durch Heirat

388. Was sind Leibeigene?
a. Sklaven
b. unfreie Menschen mit eingeschränkten Rechten und Abhängigkeit vom Grundherrn
c. Ritter ohne Rüstung

389. **Was durften Leibeigene besitzen?**
   a. gar nichts, so wie Sklaven
   b. nur ihre Kleidung
   c. Privateigentum außer Land

390. **Was war die Aufgabe von Leibeigenen?**
   a. sie mussten Abgaben bezahlen
   b. sie bekamen Geld für ihre Arbeit
   c. sie durften niemals heiraten

391. **Wer konnte Ritter werden?**
   a. alle Jungen oder Mädchen
   b. jeder Bauer, der ein Pferd besaß
   c. Söhne und Dienstleute von Adeligen

392. **Warum sagte man früher „Stadtluft macht frei"?**
   a. weil die Luft in den Städten so gut war
   b. weil sich Leibeigene durch Aufnahme in einer Stadt befreien konnten
   c. weil Frauen sich in Städten scheiden lassen konnten

393. Wie süßte man im Mittelalter die Speisen?
   a. mit Zucker
   b. mit Honig
   c. gar nicht

394. Welches Getränk kannten die Ritter noch nicht?
   a. Kaffee
   b. Bier
   c. Wein

395. Welche Tiere wurden bei mittelalterlichen Festessen häufig als Braten serviert?
   a. Eichhörnchen
   b. Schwäne und Singvögel
   c. Ratten

396. Woher kommt die Redensart „auf großem Fuß" leben?
   a. von den Stelzen, auf denen die Reichen gingen
   b. von den riesigen Füßen, die die Reichen hatten
   c. von den Schnabelschuhen, die die Reichen trugen

397. Wer war Hildegard von Bingen?
    a. die erste deutsche Ärztin
    b. eine mittelalterliche Künstlerin
    c. eine Hexe

398. War das Essen von Pferdefleisch im Mittelalter erlaubt?
    a. Ja, es war bei Adeligen sehr beliebt.
    b. Ja, es war den Bauern erlaubt.
    c. Nein, es war kirchlich verboten.

399. Wovon ernährten sich die Armen im Mittelalter hauptsächlich?
    a. Brot und Hirsebrei
    b. Obst und Gemüse
    c. Fleisch

400. Welche Getränke durften Kinder trinken?
    a. Milch und Säfte
    b. Säfte und Wasser
    c. Wasser, Wein, Bier, Milch und Säfte

401. Was versteht man noch heute unter Ritterlichkeit?
   a. fair zu sein und sich gut benehmen zu können
   b. gut reiten zu können
   c. sportlich zu sein

402. Welche Gemüsesorten galten als Bauernkost?
   a. Auberginen und Tomaten
   b. Kohl, Zwiebel und Knoblauch
   c. Bohnen und Paprika

403. Welche Krankheit war im Mittelalter beim Adel weit verbreitet?
   a. die Gicht
   b. die Grippe
   c. die Pest

404. Was bekamen die Ministerialen als „Lohn" für ihre Dienste?
   a. gar nichts
   b. ein Landgut mit Bauern
   c. nur Schutz

405. Wem war der Ritter zur Treue verpflichtet?
a. seiner Gemahlin
b. seinem Lehrer und Trainer
c. seinem Dienstherrn

406. Wie nannte man Knaben und junge Männer, die in der Ausbildung zum Ritter waren?
a. Lehrlinge
b. Ritterlinge
c. Pagen und Knappen

407. Seit welcher Zeit waren Ritter angesehene Leute und konnten wie Adelige leben?
a. seit dem 12./13. Jahrhundert
b. seit dem frühen Mittelalter (um 750)
c. Ritter waren niemals angesehene Leute.

408. Was konnten Angehörige niederer Stände nicht werden?
a. Ritter
b. Geistliche und König
c. Handwerker

409. Wie nannte man die unfreien Knechte, die für Verwaltungsaufgaben zuständig waren?
   a. Pagen
   b. Ministranten
   c. Ministerialen

410. In welchem Alter begann die Ausbildung zum Ritter?
   a. im Alter von 7 Jahren
   b. im Alter von 14 Jahren
   c. im Alter von 18 Jahren

411. Wo fand die Ausbildung als Ritter statt?
   a. an einem fremden Adelshof
   b. in einem Kloster
   c. auf einem Landgut

412. In welchem Alter wurden junge Männer in den Ritterstand aufgenommen?
   a. mit 15 Jahren
   b. mit etwa 21 Jahren
   c. mit 12 Jahren

413. Was war der „Ritterschlag"?
   a. Man schlug den Knappen auf die Nase.
   b. Man schlug den Knappen mit der Handkante auf den Nacken.
   c. Man schlug dem Knappen auf den Po.

414. Aus welchem Land stammt der „Ritterschlag"?
   a. aus Frankreich
   b. aus Japan
   c. aus England

415. Worauf wurde bei der Ausbildung zum Knappen besonders Wert gelegt?
   a. auf Kampftechniken und den Umgang mit Waffen
   b. auf gute Ernährung
   c. auf eine edle Herkunft

416. Wie heißt die Zeremonie, bei der der Knappe in den Ritterstand aufgenommen wurde?
   a. Schwertlilie
   b. Schwertleite
   c. Mönchsweihe

417. Was passierte im Zeitalter der Kreuzzüge?
   a. Viele Ritter zogen ins Heilige Land.
   b. Viele Ritter starben an der Pest.
   c. Es herrschten Hungersnöte.

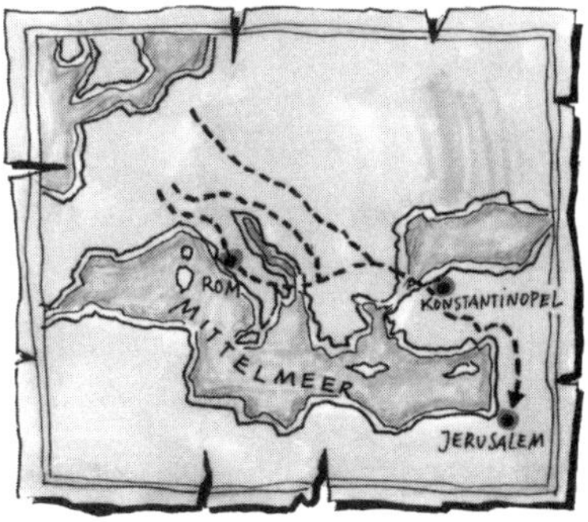

418. Zu welchen Tugenden verpflichtete sich ein Ritter?
   a. zur Macht der Fantasie
   b. zum Kampfgeist
   c. zu maßvoller Selbstbehauptung, zu Zucht und Treue, zur Menschenliebe

419. Zu welchen Tugenden bekannten sich die Kreuzritter?
   a. zu guten Tischmanieren
   b. zu den Tugenden der Mönche
   c. zu Fleiß und Disziplin

420. Wer kämpfte neben den Rittern in mittelalterlichen Schlachten?
   a. Bauern
   b. Frauen
   c. Kinder

421. Was sind Raubritter?
   a. Ritter, die Kaufleute und Privatpersonen überfielen, um sie auszurauben
   b. Ritter, die feine Damen entführten
   c. Ritter, die ausgeraubt wurden

422. An was konnte man berittene Söldner von echten Rittern unterscheiden?
   a. an ihrem Pferdesattel
   b. an ihrer Rüstung
   c. an ihrem Wappen

423. Warum verarmten viele Ritter im Lauf der Zeit?
   a. durch geringe Einnahmen, Hungersnöte und Seuchen
   b. weil sie zu viel feierten und Geld ausgaben
   c. weil im Krieg so viel zerstört wurde

424. Was trugen die Ritter auf dem Kopf und wozu diente ihr Schild?
   a. eine Mütze
   b. einen Helm
   c. einen Falken

425. Was meint man heute damit, wenn man sagt, „er kämpft mit offenem Visier"?
   a. Er kämpft mit eindeutigen Mitteln.
   b. Er ist leichtsinnig.
   c. Er ist mutig.

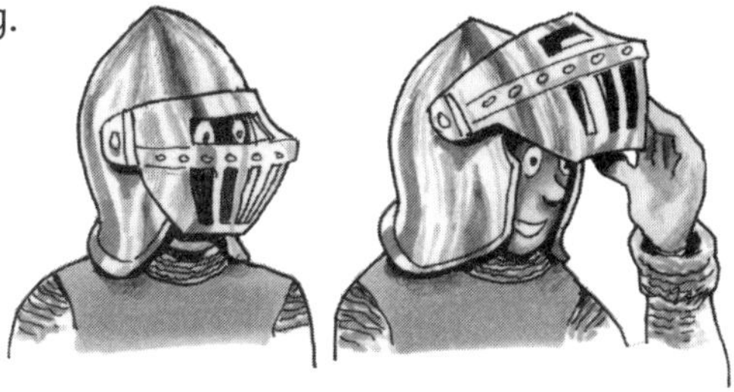

426. Aus welchem Material bestand eine Ritterrüstung?

a. aus Bronze
b. aus Silber
c. aus Eisen oder Stahl

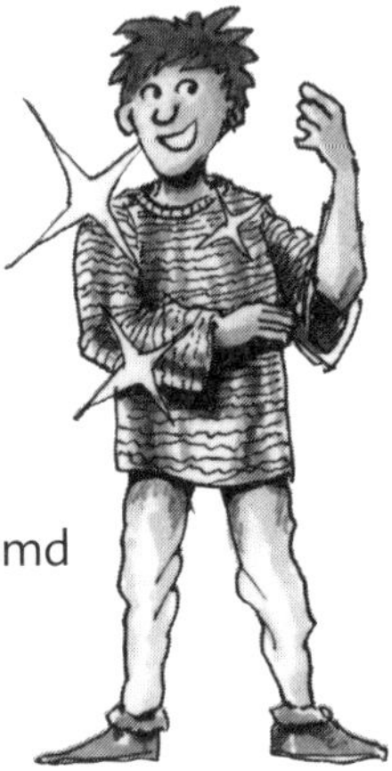

427. Was ist ein Kettenhemd?

a. ein Hemd aus Leder
b. eine Rüstung aus Metallringen
c. ein kettenförmig gehäkeltes Wollhemd

428. Wovor schützte ein Kettenhemd?

a. vor Verletzungen durch die meisten Waffen
b. gar nicht
c. vor Kälte

429. Welche Rüstung ersetzte im 14. Jahrhundert das Kettenhemd?

a. der Brustpanzer
b. der Topfhelm
c. die Plattenrüstung

430. Wie schwer war eine Plattenrüstung?

a. etwa 10 kg
b. etwa 32 kg
c. etwa 100 kg

431. Kam der Ritter mit der Rüstung allein auf sein Pferd?
   a. nicht immer
   b. mit Hilfe des Knappen
   c. nein

432. Was trugen die Ritter unter ihrer Rüstung?
   a. Unterhosen
   b. lange Beinlinge, Unterhemd und Stiefel
   c. einen Keuschheitsgürtel

433. Wann zogen die Ritter ihre Rüstung an?
   a. jeden Tag
   b. zum Stelldichein mit ihrer Liebsten
   c. bei Turnieren und Übungen sowie im Kriegsfall

434. Wer stellte die Plattenrüstungen her?
   a. der Plattner
   b. der Schmieder
   c. der Panzerer

435. Wer durfte purpurrote Gewänder tragen?
   a. der Knappe
   b. der Hochadel
   c. das erstgeborene Mädchen

436. Was wurde mit der Erfindung der Plattenrüstung überflüssig?
    a. der Schild
    b. Pfeil und Bogen
    c. die Lanze

437. Welche Körperteile des Ritters waren durch die Rüstung nur wenig geschützt?
    a. der Kopf und die Hände
    b. die Achseln, der Hals und der Schrittbereich
    c. der Po und die Waden

438. Was ist ein Wappen?
    a. eine Fahne
    b. ein Wimpel
    c. ein Zeichen für eine Familie, eine Zunft, eine Stadt oder ein Land

439. Was war das Besondere an mittelalterlichen Wappen?
    a. Sie hatten nur Bilder, keine Buchstaben.
    b. Sie hatten keine Ornamente.
    c. Sie bestanden nur aus Streifen.

440. **Wer durfte ein Familienwappen verwenden?**
a. nur Frauen und ihre weiblichen Nachfahren
b. nur Nachfahren eines berechtigten Trägers
c. nur die Knappen und ihre Brüder

441. **Warum trug der Ritter auf seinem Schild oder der Rüstung ein Wappen?**
a. als Zeichen seiner Treue zum Dienstherrn
b. um den Gegner einzuschüchtern
c. um in der Schlacht nicht mit dem Gegner verwechselt zu werden

442. **Wer war für die Wappen zuständig?**
a. der Hofnarr
b. der Herold
c. der Minnesänger

443. **Welche Aufgaben hatte der Herold?**
a. Botschaften zu überbringen
b. Leute zu unterhalten
c. die Burgherrin zu malen

444. **Mit welcher Waffe konnte man den Ritter trotz Rüstung verwunden?**
a. mit dem Schlachthobel
b. mit der Kampfkugel
c. mit dem Streithammer

445. Wie schwer war das Schwert eines Ritters?
a. 500 g
b. 1,3–1,8 kg
c. 800 g

446. Was ist eine Lanze?
a. eine Stangenwaffe
b. eine Schusswaffe
c. ein Musikinstrument

447. Mit welchen Waffen kämpfte ein Ritter hauptsächlich?
a. mit Lanze und Schwert
b. mit Pistole und Gewehr
c. mit der Kanone

448. Was nannten die Ritter „Morgenstern"?
a. die Venus
b. ihre Liebste
c. eine Waffe

449. Was war die Stechpuppe?
a. ein Nadelkissen für die Mädchen
b. ein Übungsgerät für Knappen
c. ein Küchengerät zur Herstellung von Fleischspießen

450. Wie lang war die Holzstange einer Lanze?
a. etwa 50 cm
b. etwa 3 m
c. etwa 10 m

451. Wie nannte man im Mittelalter die gebräuchlichste Stangenwaffe der Fußsoldaten?
a. Pike
b. Hippe
c. Streitkolben

452. Was ist ein Streitkolben?
a. eine Stechwaffe
b. eine Schusswaffe
c. eine Hiebwaffe

453. Was ist eine Hellebarde?
a. eine Stangenwaffe des Fußvolks
b. eine Schusswaffe der Ritter
c. ein Geschoss aus Holz

454. Was ist eine Armbrust?
a. eine Kugel zum Schießen
b. eine Waffe zum Schießen von Pfeilen oder Bolzen
c. eine Waffe zum Feuern von Kanonen

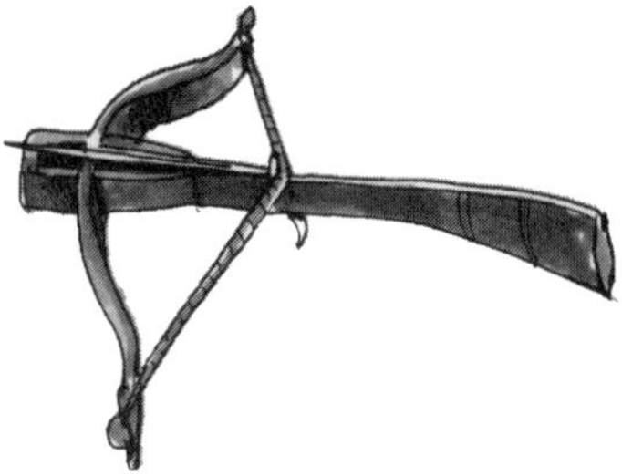

455. Was sind Bolzen?
a. Kugeln
b. lange Pfeile
c. Geschosse aus Metall

456. Was bedeutet „für jemanden eine Lanze brechen"?
a. man macht etwas kaputt
b. man besiegt jemanden
c. man setzt sich für jemanden ein

457. Was meint man, wenn man sagt, etwas sei „hieb- und stichfest"?
a. eine sichere Sache, die nicht schief gehen kann
b. etwas Steinhartes
c. etwas Unerreichbares

458. Wie viele Bewaffnete verteidigten eine Burg bei Angriffen?
a. nur der Ritter selbst
b. ungefähr 20–25 Mann
c. etwa 2 Mann

459. Wie weit konnte man mit der Armbrust schießen?
a. 10 m
b. 50 m
c. 350 m

460. Was ist eine sogenannte Franziska?
a. ein Teil der Ritterrüstung
b. eine Sonderform der Wurfaxt
c. eine Ehrenbezeichnung für tapfere Ritter

461. Womit hielt man die Schwerter und Lanzen scharf?
a. mit einem Schleifstein
b. mit einem Wetzstahl
c. mit Schleifpapier

462. Welche Pferde wurden im Mittelalter bevorzugt als Streitrösser eingesetzt?
a. Schwaben
b. Friesen
c. Bayern

463. Wo benutzte ein Ritter seine Waffen am häufigsten?
   a. auf dem Schlachtfeld
   b. in der Burg zur Verteidigung
   c. auf Turnieren

464. In welchem Land wurden Ritterturniere erstmals abgehalten?
   a. in Frankreich
   b. in Dänemark
   c. in Franken

465. An welchen Orten fanden die Turniere statt?
   a. im Wald
   b. im Schlosshof
   c. auf einem mit Schranken begrenzten Platz auf den Ländereien des Burgherrn

466. Wo fand das erste deutsche Ritterturnier statt?
   a. in Speyer
   b. in Würzburg
   c. in Köln

467. Wer konnte an einem Turnier teilnehmen?
a. Ritter mit vornehmen Ahnen
b. Soldaten mit Pferd und Rüstung
c. alle Ritter

468. Woher kam auf der Burg das Trinkwasser?
a. aus dem Brunnen oder der Zisterne
b. aus dem Burggraben oder einem benachbarten See
c. aus der Wasserleitung

469. Als was diente die Burg im Krieg?
a. als Waffenschmiede
b. als Wohnung für Soldaten
c. als Zufluchtsort für den Burgherrn, sein Gefolge und seine Bauern

470. Wie lang ist die längste Burganlage Europas?
a. 300 m
b. 1.000 m
c. 2.000 m

471. Wer prüfte die Abstammung der Ritter vor einem Turnier?
a. der Burgherr
b. die Burgherrin
c. der Herold

472. Was ist ein Ritterturnier?
   a. ein Kampfspiel
   b. eine Feier
   c. ein Markttag

473. Wer saß als Zuschauer auf den Tribünen, die um den Kampfplatz aufgebaut waren?
   a. Bürger mit Familien
   b. Bauern mit Familien
   c. Adlige, ihre Frauen und Gefolgsleute

474. Was passierte auf einem Ritterturnier?
   a. Es wurden Einzelkämpfe durchgeführt.
   b. Es wurden Einzelkämpfe und Massengefechte durchgeführt.
   c. Es wurde gesungen und getanzt.

475. Was musste der Verlierer in einem Turnier an den Sieger abgeben?
   a. Pferd, Rüstung, Lösegeld
   b. seinen Knappen
   c. seine Frau

476. Wozu wurden Turniere veranstaltet?
a. um für den Kriegsfall zu üben
b. zur Unterhaltung des Volkes
c. um Eintrittsgelder einzunehmen

477. Wie nannte man den Zweikampf mit Lanze zu Pferde?
a. Turnei
b. Buhurt
c. Tjost

478. Was erhielt der Sieger eines Tjosts?
a. gar nichts
b. die Ausrüstung des Verlierers
c. die Frau des Verlierers

479. Bei welcher mittelalterlichen Kampfsportart trugen die Ritter kein Schwert?
a. Buhurt
b. Judo
c. Karate

480. Was wurde beim Buhurt als Waffe verwendet?

a. die Fäuste
b. Pfeile und Bogen
c. stumpfe Lanzen oder Schlagwaffen

481. Wozu erschienen Mönche vor einem Ritterturnier?

a. um die Ritter vor dem Kampf zu segnen
b. um die Toten zu begraben
c. um den Edelfrauen Beistand zu leisten

482. Sollte man seinen Gegner bei einem Ritterturnier töten?

a. Nein, auf keinen Fall.
b. Ja, sonst bekam man kein Geld.
c. Ja, sonst musste man selbst sterben.

483. Wer lebte in Hofburgen?

a. reiche Bauern
b. der Hofadel
c. die Ministerialen

484. Wie viele Türme hatten die sogenannten Turmburgen?

a. einen
b. zwei
c. vier

485. Was ist eine Burg?
   a. der bewehrte Wohnsitz eines Adeligen
   b. ein Versammlungsort von Rittern
   c. ein Gebäude mit vielen Türmen

486. Wie lange baute man an einer Burg?
   a. mehrere Wochen
   b. mehrere Monate
   c. mehrere Jahre

487. Was ist eine Motte?
   a. eine frühe Burgform
   b. eine Burgmauer
   c. ein Tier

488. Wo lebten die Ritter, die keine Burg besaßen?
   a. in Hütten
   b. in Ritterhäusern auf dem Land
   c. in Stadtwohnungen

489. Was sind Schießscharten?
   a. Schlupfwinkel für Bogenschützen im Burggraben
   b. schmale Schlitze in der Außenmauer der Burg
   c. Fensterbretter auf einer Burg

490. Was ist eine Wasserburg?

a. eine Burg, die in einem See liegt
b. eine Burg mit Quelle
c. eine Burg mit Teich

491. Wie kalt war es im Winter in einer Burg?

a. gar nicht kalt, da es genügend Kamine gab
b. Burgen gab es nur in Italien, dort ist es nie kalt.
c. sehr kalt, da es kaum verglaste Fenster gab

492. Was sind „Kemenaten"?

a. beheizbare herrschaftliche Wohngemächer
b. die mittelalterlichen Toiletten
c. die Bediensteten des Burgherrn

493. Wer durfte eine Burg bauen?

a. jeder, der genug Geld hatte
b. nur der König
c. alle Adeligen

494. Wohin gingen die Ritter auf der Burg, wenn sie aufs Klo mussten?

a. ins Freie
b. in den Stall
c. in den Abtritterker

495. Was sind „Pechnasen"?

a. Erker, aus denen Pech geschüttet wurde
b. Erker, die nach unten offen sind
c. mittelalterliche Pechvögel

496. Wie viele Ritter wohnten in Friedenszeiten neben dem Burgherrn auf einer Burg?

a. ca. 20–30
b. ca. 10
c. ca. 3-5 und ein paar Soldaten

497. Welche Spiele waren schon im Mittelalter bekannt?

a. Schach und Backgammon
b. Mikado
c. Mensch ärgere dich nicht

498. Wie kräuselte man sich im Mittelalter die Haare?
   a. mit Eiweiß und Brenneisen
   b. mit einem Lockenstab
   c. mit Haarwicklern

499. Wie putzte man sich bei Hofe die Zähne?
   a. mit Zahnbürste und Wasser
   b. mit Finger und Heilkräutern
   c. Man kaute Kardamom oder Süßholz.

500. Mussten sich die Ritter vor dem Essen die Hände waschen?
   a. Nein, sie sparten Wasser.
   b. Nur wenn die Hände schmutzig waren.
   c. Ja, natürlich.

Willi Wills Wissen

Pferde & Ponys

501. Zu welchem Pferdetyp gehört der Friese?
   a. Kaltblut
   b. Warmblut
   c. Vollblut

502. Wie heißen die verwilderten Pferde Nordamerikas?
   a. Tinker
   b. Brumbys
   c. Mustangs

503. Für welchen Zweck wird der Hunter in Großbritannien gezüchtet?
   a. als Jagdpferd
   b. als Dressurpferd
   c. als Rennpferd

504. Welche Pferderasse stammt aus Nordafrika?
   a. der Lipizzaner
   b. der Berber
   c. das Island-Pony

505. Bei welchen Reitern ist das Quarter Horse besonders beliebt?
   a. bei den Springreitern
   b. bei den Westernreitern
   c. bei den Dressurreitern

506. Welche dieser Pferderassen stammt aus Russland?
   a. der Percheron
   b. der Huzule
   c. das Don-Pferd

507. Welche Pferde werden für die Spanische Hofreitschule in Wien gezüchtet?
   a. Lipizzaner
   b. Friesen
   c. Oldenburger

508. Wie nennt man verwilderte Hauspferde, wie z. B. Mustangs?
   a. Wüstlinge
   b. Weichlinge
   c. Wildlinge

509. Welche Fellfarbe ist typisch für die Pferderasse Oldenburger?
   a. Rappe
   b. Brauner
   c. Schimmel

510. Wie heißt das einzige, heute noch lebende echte Wildpferd?
a. Przewalskipferd
b. Gorbatschowpferd
c. Putinpferd

511. Was ist das Besondere an der Pferderasse Falabella?
a. Es ist die größte Rasse der Welt.
b. Es ist die schwerste Rasse der Welt.
c. Es ist die kleinste Rasse der Welt.

512. Wie nennt man in den USA ein geschecktes Pferd?
a. Pinto
b. Pinocchio
c. Pinasse

513. Welches Pony wird seit ca. 1.000 Jahren reinrassig gezüchtet?
a. das Island-Pony
b. das Welsh-Pony
c. das Shetland-Pony

514. Wie werden die aus Österreich stammenden Noriker auch genannt?
   a. Oberammergauer
   b. Allgäuer
   c. Pinzgauer

515. Wofür wurde der Haflinger früher besonders gerne eingesetzt?
   a. als Zirkuspferd
   b. als Zug- und Packpferd
   c. als Therapiepferd

516. In welcher Stadt finden regelmäßig Versteigerungen für Holsteiner-Pferde statt?
   a. Neumünster
   b. Berlin
   c. München

517. Zu welchem Grundtyp von Pferd gehört der Hannoveraner?
   a. Vollblut
   b. Warmblut
   c. Kaltblut

518. Welcher Name kommt nur bei englischen und irischen Rassen vor?
   a. Flop
   b. Snob
   c. Cob

519. Welche Fellfarbe ist typisch für den Appaloosa?
   a. Tigerschecke
   b. Rappe
   c. Fuchs

520. Woran erkennt man das Fjord-Pferd?
   a. an der Stehmähne
   b. an den blauen Augen
   c. an dem weichen Schweifhaar

521. Bei welcher Ponyrasse gibt es die Sektionen A, B, C und D?
   a. beim Island-Pony
   b. beim Shetland-Pony
   c. beim Welsh-Pony

522. Welche Pferderasse ist in Deutschland auch als „Brabanter" bekannt?
   a. der Belgier
   b. der Luxemburger
   c. der Holländer

523. Wie heißt das bekannteste französische Warmblutpferd?
   a. François Truffaut
   b. Selle Français
   c. Air France

524. In welcher Farbe darf der Ardenner nicht gezüchtet werden?
   a. Brauner
   b. Rappe
   c. Schimmel

525. Welche Rasse zählt zu den ältesten der Welt?
   a. das Don-Pferd
   b. der Camargue-Schimmel
   c. der Ardenner

526. Woher kommt der Name der bekannten Ponyrasse Haflinger?
   a. aus Südtirol
   b. aus Österreich
   c. aus den Niederlanden

527. Was ist das Besondere an Pintos?
   a. ihre Größe
   b. ihre lange Mähne
   c. ihr geschecktes Fell

528. Aus welchem Land stammt die Pferderasse Araber?
   a. aus Tunesien
   b. aus Saudi-Arabien
   c. aus Libyen

529. Was ist das besondere Kennzeichen des Exmoor-Ponys?
   a. sein Mehlmaul
   b. sein Sandmaul
   c. besonders große Ohren

538. In welchem Alter werden Pferde erstmals geritten?
   a. im Alter von 1 bis 2 Jahren
   b. im Alter von 3 bis 4 Jahren
   c. im Alter von 5 bis 6 Jahren

539. Womit werden Augen und Nüstern eines Pferdes gereinigt?
   a. mit einer Wurzelbürste
   b. mit einem weichen Schwamm
   c. mit einem Striegel

540. Wie wird ein Pferd richtig gebürstet und gestriegelt?
   a. in Fellrichtung
   b. gegen die Fellrichtung
   c. von hinten nach vorn

541. Womit darf eine Koppel oder Weide auf keinen Fall eingezäunt werden?
   a. mit Stacheldraht
   b. mit Rundhölzern
   c. mit Elektrobändern

542. Wie viele Stunden bringen Pferde in freier Wildbahn mit Futtersuche zu?
   a. etwa 16 Stunden
   b. etwa 8 Stunden
   c. etwa 4 Stunden

543. Wodurch kann ein Pferd Angst zeigen?
   a. durch starkes Schwitzen
   b. durch lautes Schmatzen
   c. durch schnelles Kopfschütteln

544. Woran erkennt eine Stute ihr Fohlen vor allem wieder?
   a. am Wiehern
   b. an der Augenfarbe
   c. am Geruch

545. Wie sieht das Fell eines gesunden Pferdes aus?
   a. stumpf
   b. glänzend
   c. matt

546. Wie wird das „Verteidigen" eines Pferdes mit den Hinterbeinen noch genannt?
a. Ausrasten
b. Ausschlagen
c. Austreten

547. Wie liegt ein tief schlafendes Pferd?
a. auf dem Bauch
b. auf der Seite
c. auf dem Rücken

548. Wie nennt man die Hindernisstrecke beim Springreiten?
a. Parcours
b. Pardon
c. Parlament

549. Welchen besonderen Schlips tragen Dressur- und Jagdreiter?
a. das Neutron
b. das Plastron
c. das Plankton

550. Welcher Sattel hat einen großen Sattelknauf?
a. der Westernsattel
b. der Springsattel
c. der Rennsattel

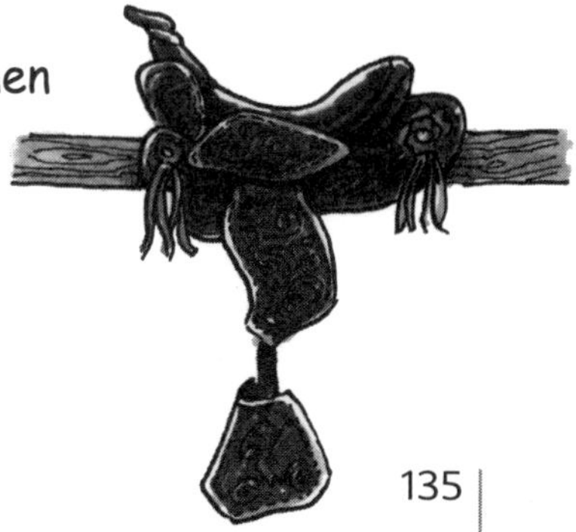

551. Wie nennt man die Führleine beim Voltigieren?
a. Litze
b. Longe
c. Lasso

552. Wie wird ein erfahrener Rennreiter genannt?
a. Derby
b. Herby
c. Jockey

553. In welcher Sportart müssen der Oxer und der Wassergraben überwunden werden?
a. beim Rennreiten
b. beim Springreiten
c. beim Wanderreiten

554. Wie heißt der Wagen der Trabrennfahrer?
a. Schimanski
b. Sotheby
c. Sulky

555. Was muss ein Dressurpferd beherrschen?
a. den Tempowechsel
b. den Seitenwechsel
c. den Wildwechsel

556. Wie heißt das Rückwärtsgehen eines Pferdes in der Dressur?
   a. Schenkelweichen
   b. Mitteltrab
   c. Rückwärtsrichten

557. Welche dieser Pferdesportarten ist eine olympische Disziplin?
   a. Vielseitigkeit
   b. Galopprennen
   c. Distanzreiten

558. Wie wird das Vielseitigkeitsreiten international genannt?
   a. Polo
   b. Military
   c. Trekking

559. Wie nennt man die Reitermannschaft eines Landes?
   a. Equipe
   b. Team
   c. Supergroup

560. Auf welchem Platz tragen Dressurreiter ihre Turniere aus?
   a. auf dem Prüfungsquadrat
   b. auf dem Turnierfeld
   c. im Dressurviereck

561. Welche Pferdesportler tragen im Allgemeinen Schutzbrillen?
   a. Dressurreiter
   b. Wanderreiter
   c. Rennreiter

562. Wie nennt man das Vorführen der Pferde vor dem Start eines Galopprennens?
   a. Aufgalopp
   b. Abgalopp
   c. Angalopp

563. In welcher Sportart hat der Reiter eine Gerte, die er auch einsetzt?
   a. im Dressurreiten
   b. im Galoppreiten
   c. im Springreiten

564. Was trägt ein Springpferd während eines Turniers an den Beinen?
   a. weiche Wollsocken
   b. gepolsterte Bandagen
   c. geschnürte Ledermanschette

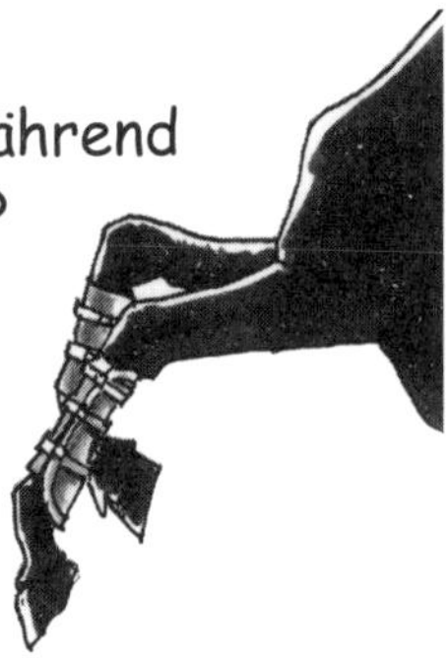

565. Wie heißt eine Dressurprüfung der Westernreiter?

a. Reining
b. Reinigung
c. Reinhaltung

566. Wie wird ein Galopprennen noch genannt?

a. Trophy
b. Henry
c. Derby

567. Wie nennen Cowboys und Westernreiter ihr Lasso?

a. Hope
b. Rope
c. Pope

568. Wie wird der moderne Springsitz noch genannt?

a. englischer Landsitz
b. deutscher Hochsitz
c. italienischer Vorwärtssitz

569. Bei welcher Sportart werden die Übungen zunächst auf einem Holzpferd trainiert?
  a. beim Voltigieren
  b. beim Vielseitigkeitsreiten
  c. beim Dressurreiten

570. Bei welcher Pferdesportart handelt es sich um einen Mannschaftssport?
  a. Trabrennen
  b. Distanzreiten
  c. Polo

571. Welches Hindernis beim Springreiten besteht aus mindestens drei verschieden hohen Stangen?
  a. Triplebarre
  b. Bodenrick
  c. Mauer

572. Wie heißen die Turniere der Westernreiter in den USA und Kanada?
  a. Borneo
  b. Rodeo
  c. Video

573. Wie heißt die intensive Geruchsaufnahme eines Pferdes?
   a. Flehmen
   b. Schämen
   c. Gähnen

574. Wie wird das Schweif- und Mähnenhaar eines Pferdes noch genannt?
   a. Dachshaar
   b. Langhaar
   c. Tasthaar

575. Wie heißen die Nasenöffnungen des Pferdes?
   a. Flüstern
   b. Austern
   c. Nüstern

576. In welchem Teil des Pferdegebisses sitzt die Trense?
   a. in der Lücke
   b. in der Lade
   c. in der Luke

577. Wie nennt man das Aufrichten eines Hengstes auf der Hinterhand?
   a. Steigen
   b. Aufbäumen
   c. Erheben

578. Wie heißt der hintere Teil des Pferderückens?
   a. Kappe
   b. Kuppe
   c. Kruppe

579. Welche maximale Lebenserwartung hat ein Pferd in Deutschland?
   a. bis zu 20 Jahre
   b. bis zu 40 Jahre
   c. bis zu 80 Jahre

580. Wie nennt man ein Pferd mit schwarzer Fellfarbe?
   a. Knappe
   b. Quappe
   c. Rappe

581. Wie nennt man beim Pferd den Knochenbau und seine Eigenschaften?
   a. Temperament
   b. Fundament
   c. Vehement

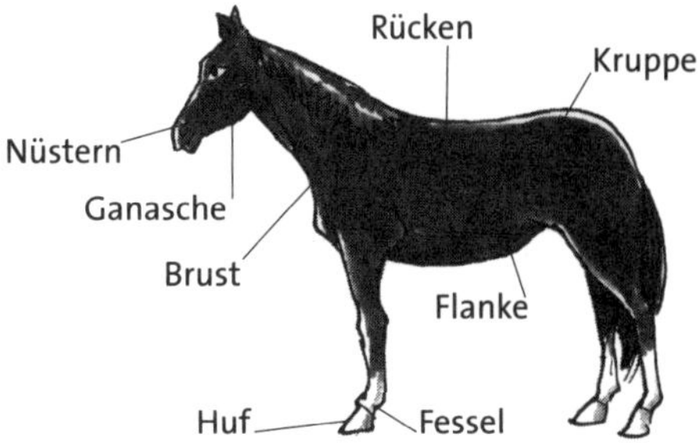

582. Wie heißt der dunkle Längsstreifen auf dem Rückenfell mancher Pferde?
   a. Karpfenstreifen
   b. Lachslinie
   c. Aalstrich

583. Wie heißt das hintere Ende der Wirbelsäule beim Pferd?
   a. Schweifrübe
   b. Rosshügel
   c. Knochenbuckel

584. Wie nennt man den Charakter eines Pferdes?
   a. Ingenieur
   b. Importeur
   c. Interieur

585. Wie werden die längeren Schutzhaare an der Fessel eines Pferdes genannt?
   a. Fußfessel
   b. Fesselballon
   c. Fesselbehang

586. Bei welcher Verhaltensstörung bewegt ein Pferd den Kopf ständig hin und her?
   a. beim Klöppeln
   b. beim Weben
   c. beim Spinnen

587. Wie viele Knochen besitzt ein Pferd?
   a. rund 60
   b. rund 100
   c. rund 250

588. Wie nennt man eine weiße Fellzeichnung im Gesicht eines Pferdes?
   a. Messe
   b. Kresse
   c. Blesse

589. Was befindet sich am Maul eines Pferdes?
   a. Schweifhaare
   b. Tasthaare
   c. Fesselhaare

590. Woran erkennt man, wenn ein Pferd angriffslustig ist?
   a. an den zurückgelegten Ohren
   b. an den rollenden Augen
   c. an dem lauten Grunzen

591. Wie oft schlägt das Herz eines ruhenden Pferdes in der Minute?
   a. etwa 40 Mal
   b. etwa 80 Mal
   c. etwa 120 Mal

592. Was ist bei Pferden sehr stark ausgeprägt?
   a. der Schlaftrieb
   b. die Spielsucht
   c. der Futterneid

593. Wie nennt man die Kehle beim Pferd?
   a. Ganasche
   b. Kruppe
   c. Fessel

594. Welche Fähigkeit ist allen Pferden angeboren?
   a. zu schwimmen
   b. oft und gerne zu springen
   c. zu zählen

595. Wie viele Zähne besitzt ein ausgewachsenes Pferd normalerweise?
   a. 14
   b. 28
   c. 36

596. Wie heißt die höchste Stelle zwischen den Schulterblättern eines Pferdes?
   a. Kruppe
   b. Widerrist
   c. Ganasche

597. Welches Tier hat einen Eselhengst als Vater und eine Pferdestute als Mutter?
   a. der Maulesel
   b. der Maulwurf
   c. das Maultier

598. Seit wann gibt es das arabische Vollblut?
   a. seit 250 Jahren
   b. seit 1.500 Jahren
   c. seit 1.800 Jahren

599. In welches Buch wird die Abstammung eines Pferdes eingetragen?
   a. ins Logbuch
   b. ins Stammbuch
   c. ins Stutbuch

600. Wie heißt die fruchtbare Zeit bei der Stute?
   a. Trosse
   b. Rosse
   c. Sprosse

601. Welche Züchtung eines Pferdes soll alte Rassemerkmale zeigen?
   a. die Farbzüchtung
   b. die Neuzüchtung
   c. die Rückzüchtung

602. Wie nennt man ein Fohlen, das noch keine feste Nahrung frisst?
   a. Absatzfohlen
   b. Saugfohlen
   c. Zwergfohlen

603. Wie nennt man ein Pferd, das noch keine zwei Jahre alt ist?
  a. Jahrgangspferd
  b. Jährling
  c. Jahrespferd

604. Wie nennt man eine Kreuzung aus Haflinger und Araber?
  a. Araflinger
  b. Haflaraber
  c. Haflo-Araber

605. Wie nennt man das Euter der Stute in der Zeit, in der es ein Fohlen säugt?
  a. Gesäuge
  b. Tankstelle
  c. Tränke

606. Was fressen junge Fohlen, um ihr Verdauungssystem zu verbessern?
  a. Gerstenstroh
  b. den Kot der Mutter
  c. frischen Klee

607. Welche Fellfarbe wird am ehesten vererbt?
  a. die Schimmelfarbe
  b. die Rappfarbe
  c. die Fuchsfarbe

608. Was zerreißt ein Fohlen gleich nach der Geburt?
   a. sein Deckhaar
   b. seine Nabelschnur
   c. seine Eihaut

609. Wie nennt man einen Pferdehof, auf dem gezielt Pferde gezüchtet werden?
   a. Gestüt
   b. Geblüt
   c. Gemüt

610. Wie oft schlägt der Puls bei einem Fohlen?
   a. 50 Mal in der Minute
   b. 100 Mal in der Minute
   c. 250 Mal in der Minute

611. Wie nennt man den Leiter eines Gestüts?
   a. Gestütmeister
   b. Zuchtleiter
   c. Pferdetrainer

612. Wie viele anerkannte Rassen gibt es etwa auf der Welt?
   a. rund 80
   b. rund 180
   c. rund 800

613. Was ist ein Wallach?
a. ein kastrierter Hengst
b. ein sehr altes Pferd
c. ein noch nicht zugerittenes Pferd

614. Wann verliert ein Pferd sein Milchgebiss?
a. im Alter von 1 Jahr
b. im Alter von 2 bis 4 Jahren
c. im Alter von 6 bis 8 Jahren

615. Welches Tier hat einen Pferdehengst zum Vater und eine Eselstute zur Mutter?
a. der Maulesel
b. der Mausfalbe
c. der Steppenesel

616. Wie lange dauert die Tragzeit einer Stute?
a. 9 Monate
b. 11 Monate
c. 20 Monate

617. Was ist eine Hengstparade?
a. eine Übung bei der Kavallerie
b. ein Ausritt mit Hengsten
c. eine Pferdeschau

618. Wann werden im Allgemeinen die Fohlen geboren?
   a. im späten Frühjahr
   b. im Hochsommer
   c. im Spätherbst

619. Wie nennt man eine Kreuzung zwischen einem Vollblüter und einer anderen Rasse?
   a. Viertelblüter
   b. Halbblüter
   c. Achtelblüter

620. Welches Musikinstrument wird mit Hilfe von Pferdehaaren gespielt?
   a. die Geige
   b. die Posaune
   c. die Mandoline

621. In welcher Stadt befindet sich das Deutsche Pferdemuseum?
   a. in Verden an der Aller
   b. in Frankfurt am Main
   c. in Freiburg im Breisgau

622. Bei welchen Pferden kriegen nicht die Weibchen, sondern die Männchen die Jungen?
a. bei den Heupferdchen
b. bei den Zugpferden
c. bei den Seepferdchen

623. In welcher Stadt befindet sich die berühmte Spanische Hofreitschule?
a. in Wien
b. in Rom
c. in Madrid

624. Welcher Sattel hat nur einen Steigbügel?
a. der Damensattel
b. der Westernsattel
c. der Springsattel

625. Wie nennt man die Cowboys Südamerikas?
a. Gauchos
b. Machos
c. Ponchos

Willi Wills Wissen

Wetter

626. Aus wie viel Prozent Sauerstoff besteht die Atmosphäre?
a. aus 5 %
b. aus 10 %
c. aus 21 %

627. Wie nennt man den Bereich der Atmosphäre, in dem Leben existiert?
a. Biotop
b. Biosphäre
c. Bionik

628. In welcher Höhe beginnt der Weltraum?
a. in etwa 50 km Höhe
b. in etwa 100 km Höhe
c. in etwa 1.000 km Höhe

629. Welche Gase befinden sich in Spuren in der Atmosphäre?
a. Edelgase
b. Schwefelgase
c. Erdgase

630. Welche natürlichen Quellen reichern die Atmosphäre immer wieder mit verschiedenen Gasen an?
   a. Taifune
   b. Sturmfluten
   c. Vulkane

631. Welches natürliche Ereignis reichert die Atmosphäre mit Kohlendioxid an?
   a. Waldbrände
   b. Hurrikane
   c. Seebeben

632. Wer sorgt dafür, dass die Atmosphäre nicht in den Weltraum fliegt?
   a. die Sonnenenergie
   b. der Erdmagnetismus
   c. die Schwerkraft

633. Welche Lebewesen sorgen für den Sauerstoff in der Luft?
   a. die Insekten
   b. die Pflanzen
   c. die Fische

634. Mit welchem Messgerät wird der Luftdruck gemessen?
- a. mit dem Barometer
- b. mit dem Thermometer
- c. mit dem Hygrometer

635. Wie nennt man das durchschnittliche Wetter an einem Ort?
- a. Koma
- b. Karma
- c. Klima

636. Mit welchem Messgerät wird die Luftfeuchtigkeit gemessen?
- a. Hygrometer
- b. Tachometer
- c. Manometer

637. Welche Wissenschaft erforscht die Atmosphäre und das Wetter?
- a. die Astronomie
- b. die Archäologie
- c. die Meteorologie

638. Welche dünne Schicht der Atmosphäre schützt uns vor der gefährlichen UV-Strahlung?
- a. die Oberschicht
- b. die Ozonschicht
- c. die Ölschicht

639. Welches Naturphänomen wird durch geladene Teilchen verursacht, die von der Sonne zu uns gelangen?
   a. das Polarlicht
   b. das Notlicht
   c. das Rücklicht

640. Mit welchen Geräten erforschen Meteorologen die höheren Schichten der Atmosphäre?
   a. mit Wetterballons
   b. mit Steigleitern
   c. mit Segelflugzeugen

641. In welcher Klimazone herrscht eine Durchschnittstemperatur von 25 °C?
   a. in der gemäßigten Zone
   b. in den Tropen
   c. in der Polarregion

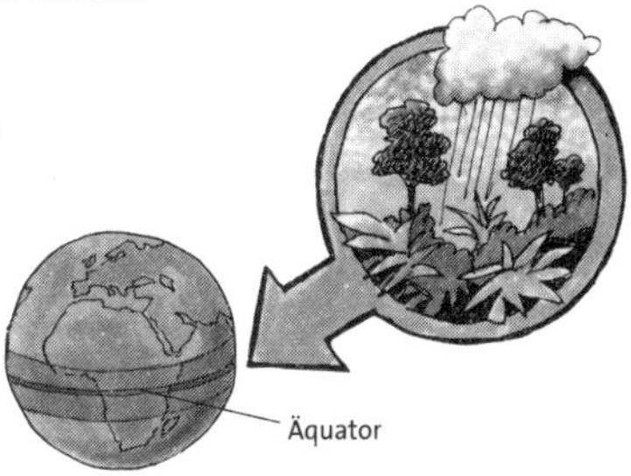

642. Wie nennt man die Eigenschaft der Atmosphäre, die Sonnenwärme zu speichern?
   a. Lichteffekt
   b. Treibhauseffekt
   c. Spiegeleffekt

643. Welche inzwischen verbotenen Industriegase zerstören die Ozonschicht?
   a. DKW
   b. UKW
   c. FCKW

644. Was sorgt für eine zusätzliche Erwärmung der Atmosphäre?
   a. Haartrockner und Föhne
   b. heiße Quellen
   c. Abgase von Autos

645. Welche modernen Geräte benutzen Wissenschaftler, um unsere Atmosphäre zu erforschen?
   a. Mikroskope
   b. Satelliten
   c. Tachometer

646. Wie nennt man einen Nebel aus Ruß, Rauch und Abgasen, der sich in Städten bilden kann?
   a. Smart
   b. Smoking
   c. Smog

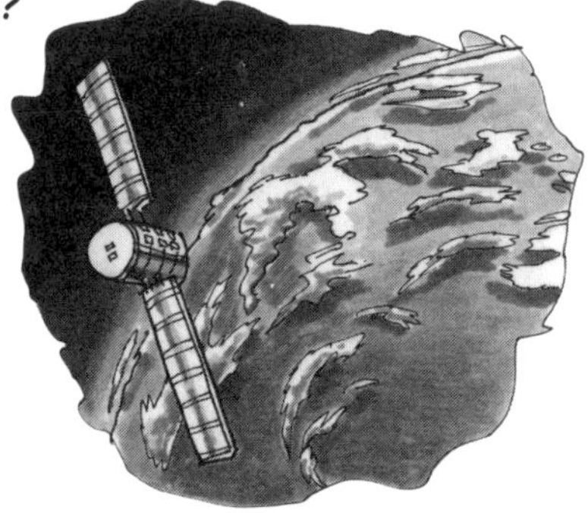

647. Wie heißt die äußerste Schicht der Atmosphäre?
   a. Exosphäre
   b. Außenschicht
   c. Umlaufbahn

648. Welcher in der Atmosphäre schwebende Stoff bestimmt maßgeblich unser Wetter?
   a. Quecksilber
   b. Wasserdampf
   c. Weltraumstrahlung

649. Welche Kraft sorgt dafür, dass die Erde ihre Atmosphäre behält?
   a. die Schwerkraft der Erde
   b. die Anziehungskraft des Mondes
   c. die Energie der Sonne

650. Welches Loch bildet sich regelmäßig in der oberen Atmosphäre?
   a. das schwarze Loch
   b. das Sommerloch
   c. das Ozonloch

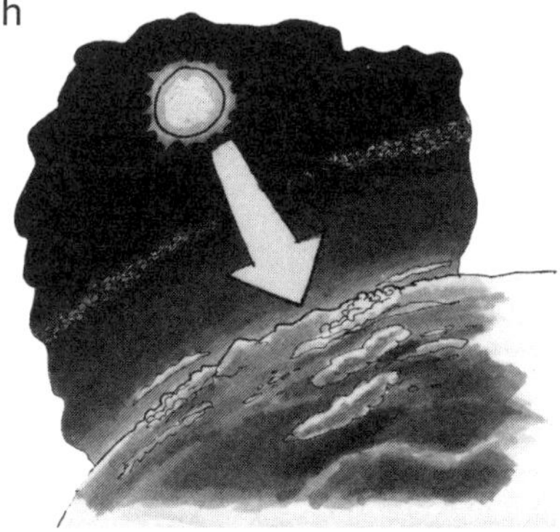

651. Wie nennt man aufsteigende, warme Luft?
   a. Thermik
   b. Optik
   c. Akustik

652. Wie heißen die starken Winde, die in der oberen Troposphäre oder in der unteren Stratosphäre um die Erde wehen?
   a. Jetset
   b. Jetlag
   c. Jetstream

653. Wodurch wird Wind erzeugt?
   a. durch Windmühlen
   b. durch unterschiedlichen Luftdruck
   c. durch Windkraftwerke

654. Welcher warme, trockene Wind weht in den Alpen?
   a. der Föhn
   b. die Rhön
   c. der Törn

655. Auf welcher Skala kann man die Windstärken ablesen?
   a. auf der Mailänder Skala
   b. auf der Beaufortskala
   c. auf der Richterskala

656. Wie wird eine völlige Windstille von Seeleuten und Seglern genannt?
   a. Raute
   b. Flaute
   c. Rauke

657. Wie hoch war die bislang höchste Windgeschwindigkeit, die in Deutschland gemessen wurde?
   a. 335 km/h
   b. 225 km/h
   c. 115 km/h

658. Welcher starke Wind weht in tropischen Seegebieten rund um die Erde?
   a. das Passiv
   b. der Pass
   c. der Passat

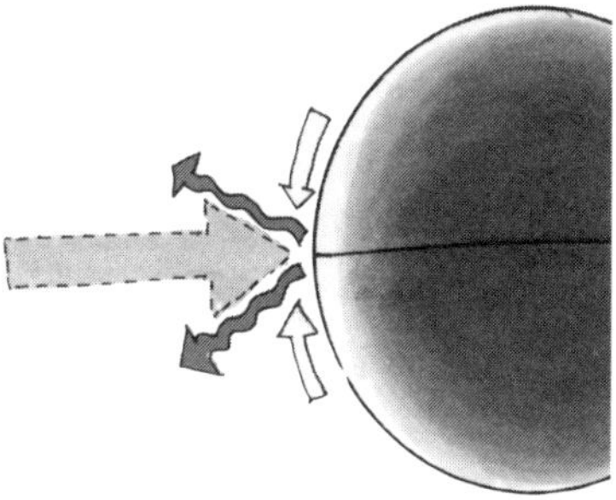

659. Welcher Wind prägt das Wetter in den Tropen?
   a. der Konsum
   b. der Monsun
   c. der Tsunami

660. Wann spricht man von einem Orkan?
   a. ab Windstärke 12
   b. ab Windstärke 10
   c. ab Windstärke 8

661. Wie heißen die subtropischen Seegebiete, in denen es lange Zeit windstill ist?
   a. Rossbreiten
   b. Pferdelängen
   c. Ponygrößen

662. Welches einfache Gerät dient auf Brücken und Flugplätzen dazu, die Windrichtung anzuzeigen?
   a. der Windbeutel
   b. der Windsack
   c. die Windhose

663. Wozu setzen Seeleute und Meteorologen eine Windrose ein?
   a. um nach Norden fahren zu können
   b. um die Windrichtung zu bestimmen
   c. um eine frische Rose im Zimmer zu haben

664. Wie nennt man die windstillen Gebiete in der Nähe des Äquators?
   a. Kalmen
   b. Palmen
   c. Dolmen

665. Welcher starke Wind aus nördlicher Richtung erreicht in Südfrankreich oft Sturmstärke?
   a. der Ural
   b. das Futteral
   c. der Mistral

666. Welcher heiße Südwind weht aus Richtung Sahara?
   a. der Schirokko
   b. der Orinoko
   c. der Pinocchio

667. Welcher Wind ist typisch für die Alpen?
    a. der Dünenwind
    b. der Gletscherwind
    c. der Heidewind

668. Welche Geschwindigkeit hat der Wind bei Windstärke 12?
    a. etwa 50 km/h
    b. etwa 88 km/h
    c. mehr als 118 km/h

669. Wie nennt man die dem Wind zugekehrte Seite eines Schiffes?
    a. Steuerbord
    b. Luv
    c. Heck

670. Wie nennt man die dem Wind abgewandte Seite eines Schiffes?
    a. Bug
    b. Kiel
    c. Lee

671. Aus welcher Richtung weht der Wind, wenn ein Segelschiff „vor dem Wind" segelt?
    a. von hinten
    b. von vorne
    c. von rechts

672. Wie heißt der für arabische Länder typische Nachtwind?
   a. Kairo
   b. Karif
   c. Kabul

673. Welcher Kreislauf spielt bei der Wolkenbildung eine große Rolle?
   a. der Wasserkreislauf
   b. der Blutkreislauf
   c. der Rohstoffkreislauf

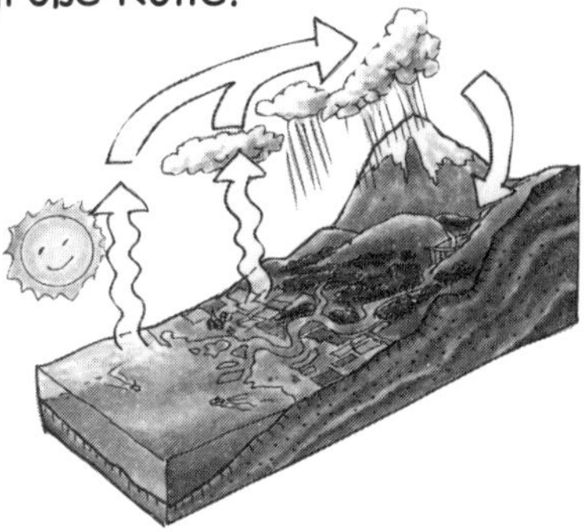

674. Welchen wissenschaftlichen Namen trägt die Wolkenkunde?
   a. Astrologie
   b. Nephologie
   c. Ornithologie

675. Welche Wolke bildet sich unmittelbar über dem Boden?
   a. die Schleierwolke
   b. der Nebel
   c. die Tintenwolke

676. Wo verdunstet am meisten Wasser?
 a. über den Meeren
 b. über dem Hochgebirge
 c. über großen Wüsten

677. Wie wird die Zirruswolke aufgrund ihrer Form noch genannt?
 a. Fahrradwolke
 b. Elefantenwolke
 c. Federwolke

678. Was ist wichtig, damit sich eine Wolke bilden kann?
 a. eine hohe Luftfeuchtigkeit
 b. ein kräftiger Wind
 c. warmes Sommerwetter

679. Welche Wolken können sich in 20 bis 30 km Höhe bilden?
 a. Diamantenwolken
 b. Korallenwolken
 c. Perlmuttwolken

680. Welches Gas bildet mit 78 % den Hauptbestandteil der Atmosphäre?
   a. Wasserstoff
   b. Stickstoff
   c. Kohlenstoff

681. Wie nennt man die Ringe, die sich manchmal um Sonne oder Mond bilden?
   a. Planetenringe
   b. Kugelblitze
   c. Haloerscheinung

682. Warum können Wolken bei Sonnenuntergang rot erscheinen?
   a. durch das Ansteigen der Sonnentemperatur
   b. durch die Brechung des Lichts in der Atmosphäre
   c. durch roten Staub in der Luft

683. Wie wird die kleine Schäfchenwolke mit wissenschaftlichem Namen genannt?
   a. Hippopotamus
   b. Airbus
   c. Zirrokumulus

684. Wie nennt man eine dunkle Wolke, aus der ein Gewitter entsteht?
   a. Gewitterzelle
   b. Unwetterzentrale
   c. Blitzzentrum

685. Welche Unwetterwolke hat die Form einer Walze?
   a. das Rollerskate
   b. der Rolls Royce
   c. die „roll cloud“

686. Aus welcher Wolke kann ein Tornado entstehen?
   a. aus einer Schäfchenwolke
   b. aus einer Gewitterwolke
   c. aus einer Federwolke

687. Aus welchem Grund leuchten die selten auftretenden „leuchtenden Nachtwolken"?
   a. Weil sie sehr hoch schweben.
   b. Weil sie elektrisch geladen sind.
   c. Weil sie aus Leuchtgas bestehen.

688. Wie heißen Haufenwolken mit wissenschaftlichem Namen?
   a. Kumulus
   b. Omnibus
   c. Amadeus

689. Welche Kraft hält eine Wolke in der Luft?
   a. das Magnetfeld
   b. die Erdanziehung
   c. der Aufwind

690. Wie wird die sehr dünne Zirrostratuswolke noch genannt?
   a. leichte Hutwolke
   b. hohe Schleierwolke
   c. schwere Mantelwolke

691. Mit welcher Geschwindigkeit fällt ein durchschnittlicher Regentropfen auf die Erde?
   a. 7 km/h
   b. 20 km/h
   c. 36 km/h

692. Wie groß ist ein durchschnittlicher Regentropfen?
   a. etwa 1 bis 2 mm
   b. etwa 9 bis 11 mm
   c. etwa 18 bis 20 mm

693. Welche Formen sind typisch für Schneekristalle?
   a. viereckige Formen
   b. achteckige Formen
   c. sechseckige Formen

694. Wie viele verschiedene Formen sind bislang bei Schneeflocken festgestellt worden?
   a. etwa 50 Formen
   b. etwa 650 Formen
   c. mehr als 6.000 Formen

695. Wie nennt man sehr trockenen Schnee, der auch dann nicht verklebt, wenn man ihn zusammenpresst?
   a. Staubschnee
   b. Pulverschnee
   c. Krümelschnee

696. Mit welchem modernen Gerät wird heute die Niederschlagsstärke gemessen?
   a. mit einem Regenlaser
   b. mit einer Wasserwaage
   c. mit einem Niederschlagsradar

697. Wie viele Regenzeiten gibt es in den Tropen in Äquatornähe pro Jahr?
   a. zwei Regenzeiten
   b. eine Regenzeit
   c. keine Regenzeiten

698. Wie heißt der tropische Regen, bei dem das Wasser gleich wieder verdunstet und neue Regenwolken bildet?
   a. Konfektsregen
   b. Konvektionsregen
   c. Konfirmationsregen

699. Wie wird ein Regenmesser von Meteorologen genannt?
   a. Barometer
   b. Ombrometer
   c. Tachometer

700. Wie nennt man Niederschlag, bei dem Schneekristalle durch angefrorene Wassertröpfchen zu Körnern zusammenklumpen?
a. Grieben
b. Gries
c. Graupel

701. Welche Größe erreicht ein durchschnittliches Hagelkorn?
a. 5 bis 10 cm
b. 2 bis 3 cm
c. 7 bis 14 cm

702. Was unterscheidet ein Hagelkorn von einem Eisregenkorn?
a. Das Korn des Eisregens ist kälter.
b. Das Hagelkorn ist runder.
c. Das Korn des Eisregens ist durchsichtig.

703. Aus was entsteht in einer Wolke besonders leicht Regen?
a. aus Eiskristallen
b. aus kleinen Wassertropfen
c. aus Wasserdampf

704. Wie wird der für Mitteleuropa typische und normale Dauerregen noch genannt?
   a. Dorfregen
   b. Landregen
   c. Stadtregen

705. Wie groß kann eine einzelne Schneeflocke werden?
   a. etwa 2 cm groß
   b. knapp 6 cm groß
   c. mehr als 10 cm groß

706. Mit welcher Geschwindigkeit fällt eine Schneeflocke zu Boden?
   a. mit einem Meter pro Sekunde
   b. mit zwanzig Metern pro Sekunde
   c. mit vierzig Metern pro Sekunde

707. Wie nennt man die Art des Ackerbaus, die ohne Bewässerung auskommt, da immer genug Niederschlag fällt?
   a. Trockenfeldbau
   b. Regenfeldbau
   c. Tagebau

708. Auf welche Temperatur erhitzt ein Blitz die Luft?
   a. auf 500 °C
   b. auf 10.000 °C
   c. auf 30.000 °C

709. Wie nennt man den dauerhaft in der Tiefe gefrorenen Boden Asiens und Nordamerikas?
   a. Permafrostboden
   b. Eiszeitboden
   c. Steineis

710. Welche Temperatur ist die höchste jemals auf der Erde gemessene?
   a. +45,9 °C
   b. +57,7 °C
   c. +65,1 °C

711. Wie werden die Tage vom 11. bis zum 15. Mai genannt?
   a. die Scheinheiligen
   b. die Eisheiligen
   c. die Allerheiligen

712 Welcher deutsche Physiker hat das erste genaue Thermometer erfunden?

a. Otto Wilhelm Kühnheit

b. Karl Gustav Frechheit

c. Daniel Gabriel Fahrenheit

713. Was ist ein großer Wärmespeicher und hat damit großen Einfluss auf die Temperatur der Luft?

a. der Sand der Wüsten

b. der Mond

c. das Wasser der Meere

714. Wie wird der Zeitraum zwischen 23. Juli und 23. August genannt?

a. Katzentage

b. Hundstage

c. Mäusetage

715. Welche Temperatur wird aus Messungen um 7 Uhr, um 14 Uhr und um 21 Uhr berechnet?

a. die Tagesmitteltemperatur

b. die mitteleuropäische Temperatur

c. die Höchsttemperatur

716. Wo wurde die tiefste Temperatur auf der Erde gemessen?
   a. in der Antarktis
   b. in Sibirien
   c. in der Arktis

717. Welche besonderen Thermometer, die die Änderungen der Temperatur speichern, werden von Meteorologen eingesetzt?
   a. Phonographen
   b. Seismographen
   c. Thermographen

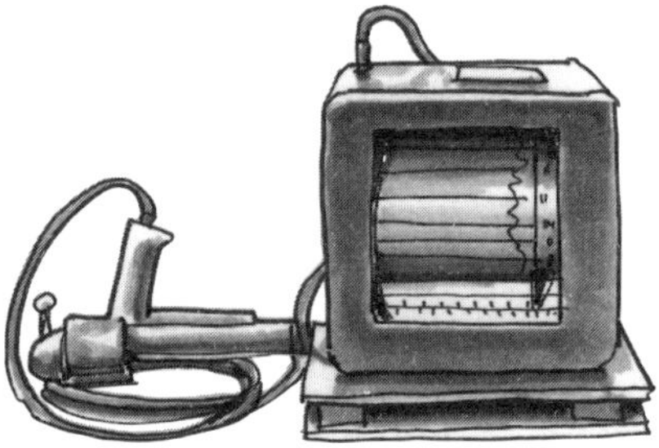

718. Welches Licht der Sonne versorgt die Erde mit Wärme?
   a. das Laserlicht
   b. das Infrarotlicht
   c. das Rotlicht

719. Welcher Monat hat in Deutschland die niedrigste Durchschnittstemperatur?
   a. Januar
   b. Februar
   c. Dezember

720. Welche Temperatur herrscht im Durchschnitt in Europa in 5 Kilometern Höhe?
   a. –50 °C
   b. –20 °C
   c. +10 °C

721. Wie hoch ist die höchste je in Deutschland gemessene Temperatur?
   a. +35,5 °C
   b. +38,3 °C
   c. +40,3 °C

722. In welcher Höhe über dem Erdboden wird von Meteorologen die Lufttemperatur gemessen?
   a. in 2 m Höhe
   b. in 50 cm Höhe
   c. in 5 m Höhe

723. Welche Linien zeigen auf einer Wetterkarte eine gleiche Lufttemperatur an?
   a. die Isothermen
   b. die Isolatoren
   c. die Isotope

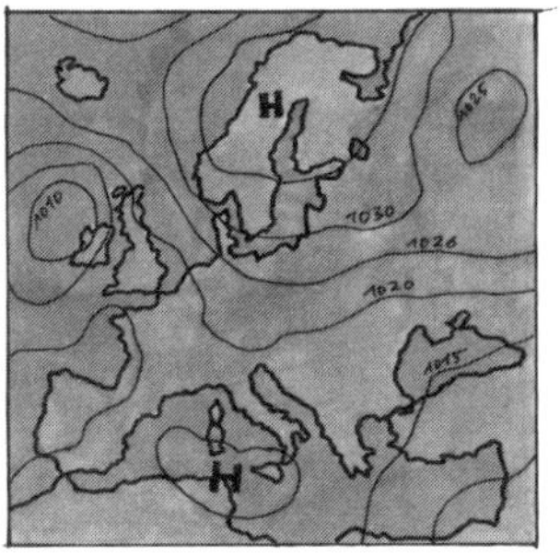

724. Welche Temperatur ist die tiefste, die jemals in Deutschland gemessen wurde?
   a. −35,9 °C
   b. −45,9 °C
   c. −52,4 °C

725. Bei wie viel Grad Celsius gefriert Wasser?
   a. bei −5 °C
   b. bei 0 °C
   c. bei +1 °C

726. Wie nennt man den plötzlichen Zufluss von polarer Luft?
   a. Kältewelle
   b. Eisluft
   c. Frostfront

727. Welche Meeresströmung versorgt Europa mit warmem Wasser und somit auch mit warmer Luft?
   a. der Gleichstrom
   b. der Wechselstrom
   c. der Golfstrom

728. Wie viele Sommertage gibt es durchschnittlich in Deutschland pro Jahr?
   a. 20 Sommertage
   b. 30 Sommertage
   c. 80 Sommertage

729. Welche Kälte ist laut Bauernregel um den 11. Juni herum zu erwarten?
   a. die Schafskälte
   b. die Ziegenkälte
   c. die Schweinekälte

730. Wie nennt man kalte Luft, die sich in einem Tal oder einer Mulde sammelt?
   a. Frostbeule
   b. Kaltluftsee
   c. Eiszeit

731. Welche Länge erreicht ein Blitz, der in die Erde einschlägt?
   a. 1 bis 2 km
   b. 10 bis 15 km
   c. 2 bis 30 km

732. Welche Gefahr bringen schwere Schneefälle in den Bergen mit sich?
   a. Lawinen
   b. Muren
   c. Gletscherspalten

733. Wie nennt man einen Blitz, der aus zahlreichen Verzweigungen besteht?
   a. Laserblitz
   b. Flächenblitz
   c. Lichtblitz

734. Wie viele Gewitter gibt es jeden Tag auf der Welt?
   a. etwa 50
   b. etwa 100
   c. etwa 3.000

735. Welcher Hurrikan hat 2005 die amerikanische Stadt New Orleans zerstört?
   a. Amanda
   b. Sabrina
   c. Katrina

736. Welche elektrische Funkenentladung kann man manchmal an Mastspitzen von Schiffen oder Kirchturmspitzen beobachten?
   a. das Osterfeuer
   b. das Elmsfeuer
   c. das Buschfeuer

737. Welche Gefahren bringen Hurrikane mit sich?
   a. hohe Flutwellen
   b. starke Schneefälle
   c. Seebeben

738. Wie wird ein tropischer Wirbelsturm in Mittel- und Nordamerika genannt?
   a. Windhose
   b. Hurrikan
   c. Taifun

739. Welche Gewitterform ist die häufigste in Deutschland?
   a. das tropische Gewitter
   b. das Wintergewitter
   c. das Wärmegewitter

740. Wie werden Riesenwellen von Seeleuten genannt?
   a. Kaventsmänner
   b. Schneemänner
   c. Bergmänner

741. Welche deutsche Stadt wurde während der Sturmflut im Februar 1962 schwer getroffen?
   a. Hamburg
   b. Köln
   c. Berlin

742. Welche Erscheinung deutet auf ein entferntes Gewitter hin?
   a. das Ausleuchten
   b. das Heimleuchten
   c. das Wetterleuchten

743. Wo entstehen tropische Wirbelstürme?
   a. über dem Meer
   b. über heißen Wüstengebieten
   c. über Treibeis

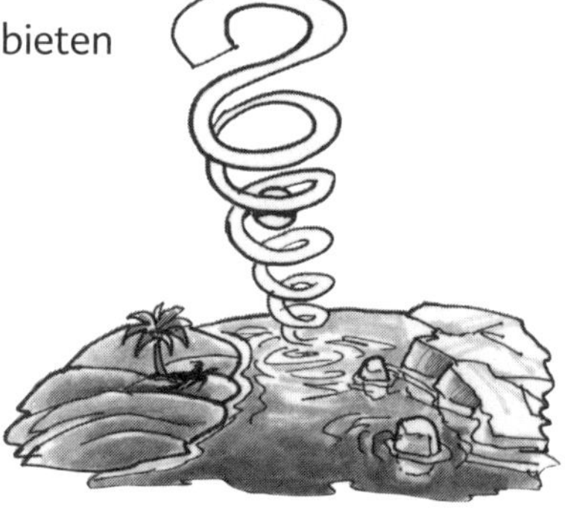

744. Wodurch entsteht der Donner nach einem Blitzschlag?
   a. durch den Einschlag in die Erde
   b. durch das Entstehen eines Luftlochs
   c. durch die explosionsartige Ausdehnung der Luft

745. Wie nennt man einen tropischen Wirbelsturm in Indien?
   a. Zyklus
   b. Zyklop
   c. Zyklon

746. In welche Richtung muss der Wind wehen, um aus einer Flut eine Sturmflut zu machen?
   a. in Richtung Land
   b. in Richtung See
   c. in nördliche Richtung

747. Welcher Blitz kann sich einige Zeit in einem Raum aufhalten?
   a. der Geistesblitz
   b. der Kugelblitz
   c. der Flächenblitz

748. Welche Windgeschwindigkeit kann in einem Hurrikan erreicht werden?

a. knapp 100 km/h
b. mehr als 600 km/h
c. mehr als 250 km/h

749. Wie viele Tornados entstehen pro Jahr in Europa?

a. rund 300
b. nur 2 bis 4
c. kein einziger

750. Was macht Taifune so gefährlich?

a. die trockene Luft
b. der starke Unterdruck
c. die große Regenmenge

Willi
Wills
Wissen

Wer hat's gewusst?

750 Antworten

1. Antwort b. ist richtig. Tiere sind Lebewesen, die sich von anderen (tierischen oder pflanzlichen) Lebewesen ernähren und Sauerstoff (ein Gas in der Luft bzw. im Wasser) zur Atmung benötigen.

2. Antwort a. ist richtig. Grüne Pflanzen können ihre benötigte Energie (Zucker) mit Hilfe von Sonnenlicht selbst herstellen, Tiere können das nicht.

3. Antwort c. ist richtig. Männchen und Weibchen kann man nicht unterscheiden, denn Regenwürmer sind Zwitter. Das heißt, sie besitzen gleichzeitig männliche und weibliche Fortpflanzungsorgane. Wenn die Tiere geschlechtsreif sind, bildet sich eine Hautverdickung, der sogenannte Gürtel, der näher am Kopfende liegt.

4. Antwort c. ist richtig. Wenn die Amsel den hinteren Teil eines Regenwurms erwischt hat, ist es möglich, dass er trotzdem weiterlebt. Denn sein Vorderteil ist mit den lebenswichtigen Organen ausgestattet. Ein abgetrenntes Hinterteil ist nicht lebensfähig und stirbt sofort ab.

5. Antwort b. ist richtig. Gliederfüßer haben einen in Teile gegliederten Körper mit höchstens einem Paar Gliedmaßen (Beine) pro Segment.

6. Antwort a. ist richtig. Insekten haben sechs Beine. Diese Beine können, abhängig von ihrer Funktion, sehr unterschiedlich gestaltet sein, besitzen jedoch immer den gleichen Grundaufbau. Sie bestehen aus einer Hüfte, einem darauf folgenden Schenkelring, dem Oberschenkel, der Schiene sowie einem gegliederten Fuß.

7. Antwort c. ist richtig. Die meisten Insektenarten haben zwei Paar, also insgesamt vier Flügel. Es gibt aber auch flügellose Insekten.

8. Antwort b. ist richtig. Ameisen zählen zu den Hautflüglern, obwohl nur die Geschlechtstiere (Ameisenkönigin und Männchen) kurzzeitig geflügelt sind.

9. Antwort c. ist richtig. Der Bau der Roten Waldameise kann bis zu 2 m hoch werden. Meist wird er an sonnigen Waldrändern angelegt. Die oberen Schichten bestehen aus Blattnadeln, die inneren aus Erdmaterial. Regenwasser kann nicht eindringen.

10. Antwort a. ist richtig. Bis zu 2 Millionen Tiere leben in einem Ameisenbau der Roten Waldameise.

11. Antwort c. ist richtig. Diese Hülle nennt sich Kokon. Aus dem Kokon der Seidenraupe wird Seide hergestellt.

12. Antwort c. ist richtig. Der größte Käfer Europas ist der Hirschkäfer. Die Männchen sind zwischen 3 und 7,5 cm lang. Nach der Paarung im Frühsommer legt das Weibchen Eier in die Erde an der Außenseite morscher Baumstubben oder an Wurzeln lebender Bäume, vor allem an Eichen, ab.

13. Antwort b. ist richtig. Der Riesenbockkäfer aus Brasilien ist mit 17 cm Körperlänge die längste Käferart der Welt. Er ist länger als eine Maus.

14. Antwort b. ist richtig. Die bei uns lebende Garten-Kreuzspinne kann mit ihrem Gift Beutetiere (Insekten) lähmen, um sie leichter aussaugen zu können. Sie hat aber sehr kurze Giftklauen, die die menschliche Haut in der Regel nicht durchdringen können. Deshalb ist sie für Menschen ungefährlich, für kleinere Tiere allerdings nicht.

15. Antwort a. ist richtig. Spinnentiere haben acht Laufbeine. Sie sind also keine Insekten!

16. Antwort c. ist richtig. Alle Spinnen häuten sich mehrfach im Lauf ihres Lebens, aber nicht alle Arten bauen Netze. Die meisten leben an Land, es gibt aber auch eine Art, die im Wasser lebt.

17. Antwort a. ist richtig. Als Wirbeltiere bezeichnet man alle Tiere, die eine Wirbelsäule haben. Zu den Wirbeltieren zählen Säugetiere, Vögel, Kriechtiere, Frösche, Lurche und Fische.

18. Antwort c. ist richtig. Alle Wirbeltiere besitzen ein zentrales Nervensystem, das aus Gehirn und Rückenmark besteht. Das Blut fließt durch ein geschlossenes Gefäßsystem. Die Haut besteht aus mehreren übereinander liegenden Zellschichten.

19. Antwort c. ist richtig. Das kleinste Wirbeltier der Welt ist das Zwergmännchen einer in der Tiefsee lebenden Anglerfischart. Es wird nur 6,3 mm lang.

20. Antwort a. ist richtig. Das größte Wirbeltier der Welt ist der Blauwal. Er wird bis zu 33 m lang. Damit ist der Blauwal das größte Tier, das auf der Erde lebt.

21. Antwort b. ist richtig. Tiere, die keine Wirbelsäule haben, bezeichnet man als Wirbellose. Zu dieser Gruppe zählen weltweit die meisten Tiere, darunter Krebstiere, Insekten, Weichtiere und Würmer.

22. Antwort b. ist richtig. Säugetiere gebären ihre Jungen und säugen sie mit Milch.

23. Antwort c. ist richtig. Das Fell der Säugetiere dient vor allem dazu, vor Kälte oder Hitze zu schützen. Nur so können die Tiere eine gleichwarme Körpertemperatur aufrechterhalten.

24. Antwort c. ist richtig. Das Gürteltier ist ein Säugetier. Nach einer Tragzeit von bis zu vier Monaten bringen weibliche Gürteltiere ihre Jungen in ihren Höhlen zur Welt. Die Jungen werden nur wenige Wochen gesäugt.

25. Antwort a. ist richtig. Gürteltiere kommen ausschließlich auf dem amerikanischen Kontinent vor, wobei das Vorkommen der meisten Arten auf das südliche Südamerika (Brasilien, Bolivien, Paraguay und Argentinien) beschränkt ist.

26. Antwort b. ist richtig. Beutelsäuger oder Beuteltiere sind Säugetiere, deren Jungtiere in einem sehr frühen Stadium geboren werden und oft in einem Beutel der Mutter heranwachsen. Zu den Beutelsäugern zählen unter anderem Koalas, Wombats und Kängurus.

27. Antwort c. ist richtig. Känguru-Weibchen bringen ein Junges zur Welt. Sie haben einen Beutel, der sich nach vorne öffnet und vier Zitzen enthält.

28. Antwort b. ist richtig. Das Rote Riesenkänguru wird bis zu 1,80 m groß und wiegt bis zu 90 kg.

29. Antwort a. ist richtig. Mit einem einzigen Sprung kann ein ausgewachsenes Rotes-Känguru-Männchen bis zu 9 m weit und 3 m hoch springen. Wie viele andere Kängurus kennen Rote Riesenkängurus zwei Arten der Fortbewegung. Bei der Nahrungssuche bewegen sie sich auf allen Vieren fort, stützen sich auf die kurzen Vorderbeine und grasen den Boden ab.

30. Antwort c. ist richtig. Der Koala, auch Aschgrauer Beutelbär genannt, ist ein baumbewohnender Beutelsäuger, der in Australien lebt. Er wird 61 bis 85 cm groß und wiegt zwischen 4 und 14 kg.

31. Antwort c. ist richtig. Der Beutel der Koalas ist (im Gegensatz zu dem der Kängurus) wie bei den Wombats mit einer nach unten gerichteten Öffnung ausgestattet.

32. Antwort a. ist richtig. Koalas sind Pflanzenfresser und ernähren sich fast ausschließlich von Blättern und Rinde sowie von Früchten ganz bestimmter Eukalyptusarten. Ein erwachsener Koala benötigt pro Tag rund 200 bis 400 Gramm Blätter.

33. Antwort b. ist richtig. Nashörner und Tapire sind ebenso wie Pferde Unpaarhufer. Alle Unpaarhufer haben eine ungerade Anzahl von Zehen. Pferde haben eine Zehe, Nashörner drei Zehen. Bis auf die Tapire: die haben an den Vorderfüßen vier Zehen.

34. Antwort c. ist richtig. Paarhufer haben eine gerade Anzahl von Zehen, also zwei oder vier. Zu den Paarhufern zählt man unter anderem Schweine, Giraffen, Hirsche, Flusspferde, Kamele, Rinder und Schafe. Gorillas und Schimpansen sind keine Paarhufer.

35. Antwort b. ist richtig. Pferde sind Zehenspitzengänger, die allein auf einer Zehe laufen. Affen und Bären sind dagegen Sohlengänger, das heißt, beim Gehen berührt die ganze Fußsohle den Boden.

36. Antwort a. ist richtig. Besonders große Ohren hat der Afrikanische Elefant. Diese können einen Durchmesser von 2 m erreichen.

37. Antwort a. ist richtig. Beim Afrikanischen Elefanten haben auch die Weibchen Stoßzähne. Sie können beim Männchen gelegentlich bis 3 m lang und 100 kg schwer sein. Der größte je gefundene Stoßzahn misst 3,50 m.

38. Antwort b. ist richtig. Elefanten können nicht schwitzen. Nur über die gut durchbluteten Ohren kann überschüssige Wärme abgegeben werden. Deshalb sind die Ohren auch so groß.

39. Antwort c. ist richtig. Das Nashorn ist kein fleischfressendes Raubtier, sondern ein Pflanzenfresser. Es zählt zur Ordnung der Unpaarhufer. Das Horn auf der Nase kann als Waffe im Kampf gegen andere Tiere oder Artgenossen eingesetzt werden.

40. Antwort a. ist richtig. Löwen leben im Rudel. Jedes Rudel besteht aus mehreren (3–30) verwandten Weibchen und ein bis drei ausgewachsenen Männchen, die in der Rangordnung über den Weibchen stehen. Jedes Rudel jagt in einem bestimmten Revier.

41. Antwort b. ist richtig. Raubtiere haben ein scharfes Gebiss, das sich zum Fangen und Töten von Beutetieren eignet. Typisch für das Raubtiergebiss sind lange Eckzähne, die so genannten Fangzähne.

42. Antwort a. ist richtig. Der Große Panda, der auch Pandabär genannt wird, ist ein Raubtier, das sich ausschließlich von Pflanzen (Bambus) ernährt. Seine Vorfahren waren jedoch Fleischfresser.

43. Antwort c. ist richtig. Robben sind Raubsäuger, die im Wasser leben. Da sie zu vielen Tätigkeiten immer wieder an Land kommen müssen, entfernen sie sich aber nicht allzu weit von der Küste und sind daher nicht auf hoher See anzutreffen.

44. Antwort b. ist richtig. Tiger leben vor allem in Asien (Indien, China, Südostasien, Sumatra und Indonesien). Der Tiger ist wegen der schwarzen Streifung auf goldgelbem bis rotbraunem Grund eine unverkennbare Katze.

45. Antwort a. ist richtig. Tigerweibchen bringen nach der Paarung meist zwei oder drei, selten ein bis sechs Junge zur Welt. Die Tigerjungen bleiben bis zu drei Jahren bei ihrer Mutter.

46. Antwort c. ist richtig. Der Wolf war früher in ganz Europa, Asien bis Nordafrika und in Nordamerika beheimatet. Er ist sehr anpassungsfähig und kann die unterschiedlichsten Lebensräume besiedeln.

47. Antwort c. ist richtig. Die Vorfahren von Haushund und Hauskatze waren früher wild lebende Raubtiere. Der Haushund (mit all seinen unterschiedlichen Rassen) stammt vom Wolf ab. Die Hauskatze ist mit der Europäischen Wildkatze verwandt.

48. Antwort a. ist richtig. Unter dem Begriff Wild fasst man alle jagdbaren, in der Natur frei lebenden Tiere zusammen. Bei uns sind das z.B. Hirsch, Reh, Wildschwein, Hase, Rebhuhn und Wildente.

49. Antwort b. ist richtig. Der Haushund stammt vom Wolf ab. Wölfe und Hunde können sich also auch paaren und Junge bekommen.

50. Antwort b. ist richtig. Die Angorakatze ist eine Katzenrasse mit einem langhaarigen, seidigen Fell. Die aus der Türkei stammende Angorakatze ist eine der ältesten Langhaarrassen. Bereits im 17. Jahrhundert gelangte sie mit italienischen Seefahrern nach Europa.

51. Antwort c. ist richtig. Mit einem stark nach unten gebogenen, aufgeplusterten Schwanz drückt die Hauskatze Angriffslust aus.

52. Antwort c. ist richtig. Giraffen können nicht gut schwimmen, aber sehr schnell rennen. Sie erreichen Geschwindigkeiten von bis zu 60 km pro Stunde.

53. Antwort b. ist richtig. Die männlichen Giraffen, auch Bullen genannt, erreichen eine Körperhöhe von bis zu 5,50 m, Weibchen sind kleiner.

54. Antwort b. ist richtig. Flusspferde fressen vor allem Gras. Sie kommen hauptsächlich nachts an Land, da sie sich tagsüber schnell einen Sonnenbrand holen würden.

55. Antwort a. ist richtig. Das Flusspferd, das auch Nilpferd genannt wird, lebt in Afrika südlich der Sahara und besiedelt dort langsam fließende Gewässer.

56. Antwort c. ist richtig. Ein Flusspferd wiegt zwischen 2.700 und 4.500 kg und ist damit nach dem Elefanten das zweitschwerste Landtier der Welt.

57. Antwort a. ist richtig. Männliche Eisbären wiegen 300 bis 800 Kilogramm, wobei das Gewicht nicht nur zwischen verschiedenen Exemplaren sehr stark variieren kann, sondern aufgrund jahreszeitlicher Schwankungen sehr starke Unterschiede aufweist.

58. Antwort b. ist richtig. Die weiblichen Eisbären gebären ihre Jungen in Erd- oder Schneehöhlen. Sie halten sich dort einen Monat vor und drei Monate nach der Geburt auf.

59. Antwort c. ist richtig. Die Haut des Eisbärs ist schwarz gefärbt, die Haare seines Fells sind weiß. Eine mehr als 10 Zentimeter dicke Fettschicht schützt den Eisbär vor Kälte. Die dicht behaarten Fußsohlen halten warm und verhindern, dass das Tier auf dem Eis ausrutscht.

60. Antwort c. ist richtig. Wenn ein Küken aus dem Ei schlüpft, dann bricht es mit dem Eizahn – auch Hornhöcker genannt – die Schale von innen auf. Erst dann schiebt es die Füße in die entgegengesetzte Richtung.

61. Antwort b. ist richtig. Die Hausgans wurde aus der wild lebenden Graugans gezüchtet.

62. Antwort a. ist richtig. Eine junge Gans nennt man Gössel. Die männliche Gans wird Gänserich, Ganser, Ganterich oder Ganter genannt.

63. Antwort b. ist richtig. Wenn man dem Haushuhn (Legerasse) regelmäßig das gelegte Ei wegnimmt, kann es pro Jahr 250–300 Eier legen.

64. Antwort a. ist richtig. Vögel haben ein Paar Beine und ein Paar Flügel, ein Federkleid und eine gleichwarme Körpertemperatur. Sie legen Eier mit kalkhaltiger Schale.

65. Antwort b. ist richtig. Die meisten Vogelarten können fliegen. Flugunfähig sind Pinguine und Laufvögel (z.B. der Vogelstrauß).

66. Antwort c. ist richtig. Der Afrikanische Strauß ist die größte lebende Vogelart der Welt. Das natürliche Verbreitungsgebiet des Straußes ist Afrika, insbesondere Ost- und Südafrika. Ausgestorben ist er auf der Arabischen Halbinsel, in Westasien sowie in Afrika nördlich der Sahara.

67. Antwort b. ist richtig. Gar nicht. Aber (vor allem brütende) Strauße legen sich, wenn sie sich bedroht fühlen, auf den Boden. Hals und Kopf sind dabei gerade ausgestreckt. Weil der Hals, der am Boden liegt, von weitem nicht zu erkennen ist, sieht es so aus, als würde der Strauß seinen Kopf in den Sand stecken.

68. Antwort c. ist richtig. Der Afrikanische Strauß kann bis zu 70 km pro Stunde laufen.

69. Antwort a. ist richtig. Pinguine fehlen auf der Nordhalbkugel. Sie leben nur in den offenen Meeren der Südhalbkugel, vor allem in den Küstengewässern der Antarktis am Südpol.

70. Antwort b. ist richtig. Der Kaiserpinguin ist die größte Pinguinart. Er kann bis zu 1,30 Meter groß werden und wiegt bis zu 45 Kilogramm.

71. Antwort b. ist richtig. Kaiserpinguine füttern ihre Küken bis zu 6 Monate. Zuerst mit einer milchigen Substanz und dann mit kleinen Meeresfischen. Nach ca. 6 Monaten verlassen die Jungtiere die Pinguinkolonie und kehren erst nach 4 Jahren zurück, um selbst zu brüten.

72. Antwort c. ist richtig. Der Kaiserpinguin kann bis zu 535 m tief tauchen und im Notfall 20 Minuten unter Wasser bleiben. Um schneller abzusinken und tiefer tauchen zu können, schlucken Pinguine Steine.

73. Antwort c. ist richtig. Die kleinste Vogelart der Welt ist eine Kolibriart, die Bienenelfe. Sie misst samt Schnabel und Schwanzfedern nur 6 cm.

74. Antwort a. ist richtig. Kolibris fliegen mit bis zu 80 Flügelschlägen pro Sekunde. So können sie auch rückwärts oder seitwärts fliegen oder in der Luft stehen bleiben.

75. Antwort c. ist richtig. Der Kuckuck ist im Unterschied zu Elster und Sperling kein Singvogel. Alle Singvögel tragen am unteren Kehlkopf eine Art Stimmkopf, der dem Kuckuck fehlt.

76. Antwort a. ist richtig. Spechte sind Höhlenbrüter. Ihre Bruthöhlen werden oft in Baumstämmen selbst gezimmert. Weil sie eine Art „Stoßdämpfer“ im Kopf haben, bekommen sie trotz Hämmern kein Kopfweh.

77. Antwort a. ist richtig. Der Kleiber nutzt die Bruthöhlen anderer Höhlenbrüter (z. B. Spechthöhlen in Baumstämmen) und verklebt den Eingang mit Lehm so, dass die Vögel gerade noch durchpassen. So schützt er seine Jungen vor Feinden (z.B. vor Marder und Krähen). Der Kleiber ist die einzige Vogelart, die kopfüber an einem Baumstamm herunterlaufen kann.

78. Antwort c. ist richtig. Den richtigen Weg finden Zugvögel, indem sie sich am Magnetfeld der Erde oder an der Sternenkonstellation orientieren. Ihr Magnetsinn befindet sich wahrscheinlich im Auge.

79. Antwort a. ist richtig. Stockente und Höckerschwan verbringen den Winter bei uns in Mitteleuropa. Der Kranich fliegt zur Überwinterung in den Süden (z.B. nach Spanien), der Weißstorch nach Afrika.

80. Antwort b. ist richtig. Stockenten fressen vor allem pflanzliche Nahrung, aber auch kleine Tiere. An Futterstellen nehmen sie auch Brot an.

81. Antwort b. ist richtig. Kriechtiere sind wechselwarme Tiere, das heißt, ihre Körpertemperatur passt sich der Umgebung an. Wenn es draußen heiß ist, ist die Körpertemperatur hoch, wenn es kalt ist, sinkt sie.

82. Antwort a. ist richtig. Kriechtiere besitzen eine Haut mit Hornschuppen, einen Schwanz und meist vier Beine, die bei Schlangen und Schleichen zurückgebildet wurden.

83. Antwort c. ist richtig. Krokodile legen ihre Eier in Nester. Man unterscheidet dabei Hügelnester aus aufgeschichtetem Pflanzenmaterial und Grubennester im Boden, die oft mit Pflanzen bedeckt werden.

84. Antwort b. ist richtig. Das Leistenkrokodil wird auch Salzwasserkrokodil genannt. Die Männchen erreichen im Durchschnitt eine Länge von 4–5 m, die Weibchen werden nicht ganz so groß.

85. Antwort b. ist richtig. Das Salzwasserkrokodil lebt vor allem in Ostindien, Südostasien und Australien. Sein Hauptlebensraum sind Flussmündungen und Mangrovensümpfe.

86. Antwort b. ist richtig. Meeresschildkröten haben zu großen Paddeln (Flossen) umgebildete Beine. Sie ernähren sich von Tintenfischen, Kraken, Krebsen und Quallen und paaren sich im Meer.

87. Antwort a. ist richtig. Alle Schildkröten (auch die im Meer bzw. Süßwasser lebenden Arten) legen ihre Eier an Land ab. Die Weibchen graben mit den Hinterbeinen eine tiefe, birnenförmige Grube, setzen die Eier vorsichtig hinein und scharren die Niststelle wieder zu.

88. Antwort c. ist richtig. Die meisten Schildkröten überlassen das Ausbrüten der Sonne. Nur wenige Schildkrötenarten betreiben eine Art Brutpflege und bewachen die Niststelle.

89. Antwort c. ist richtig. Die Europäische Sumpfschildkröte kommt auch in Deutschland, Österreich und der Schweiz vor, steht in diesen Ländern aber auf der Liste der bedrohten Tierarten.

90. Antwort b. ist richtig. Die in Asien, Afrika und Australien lebenden Warane haben einen verknöcherten Schädel und eine gespaltene Zunge.

91. Antwort b. ist richtig. Der in den Wäldern und Buschländern Indonesiens lebende Komodo-Waran wird bis zu 3 m lang.

92. Antwort c. ist richtig. Der in den heißen Wüstengebieten Australiens lebende Inland-Taipan ist die giftigste Schlange der Welt. Die bei einem Biss abgesonderte Giftmenge reicht aus, um 100 erwachsene Menschen oder 250.000 Mäuse zu töten.

93. Antwort c. ist richtig. Die Kreuzotter ist eine bei uns in Mitteleuropa lebende Giftschlange. Ihr Biss kann bei Kindern und alten Menschen aber nur dann lebensgefährlich sein, wenn man nicht sofort zum Arzt geht.

94. Antwort b. ist richtig. Die Hautfärbung sowie die Pupillen sind unterschiedlich. Die Kreuzotter erkennt man an einem Zick-Zack-Band auf dem Rücken und den senkrecht geschlitzten Pupillen. Die Schlingnatter hat kleinere Augen mit runder Pupille.

95. Antwort a. ist richtig. Riesenschlangen sind ungiftig und töten ihre Beute durch Umschlingen. Deswegen werden sie auch als Würgeschlangen bezeichnet. Die Beute wird nicht zerkaut, sondern im Ganzen verschluckt.

96. Antwort a. ist richtig. Große Riesenschlangen-Arten können 7–10 m lang werden, wie z.B. die Grüne Anakonda, die mit einer Länge von 9,62 m gefunden wurde. Riesenschlangen können wegen ihrer Kraft auch für Menschen gefährlich sein.

97. Antwort b. ist richtig. Boas sind Riesenschlangen (Würgeschlangen), die in Südamerika, Madagaskar und auf den Salomonen leben. Sie gebären lebende Junge.

98. Antwort c. ist richtig. Einige Schildkrötenarten können sehr alt werden. Die bis zu 1,20 m langen Galápagosriesenschildkröten können nachweislich ein Alter von 180 Jahren erreichen. Die in Europa lebende Maurische Landschildkröte kann bis zu 160 Jahre alt werden.

99. Antwort c. ist richtig. Pythons sind eierlegende Riesenschlangen, die in Afrika, Asien und Australien leben. Pythonweibchen beschützen ihre Eier, indem sie das Gelege eng umschlingen und ihre Wärme an die Eier abgeben.

100. Antwort a. ist richtig. Die größten Würgeschlangen der Welt sind die in den Sumpflandschaften Südamerikas lebende Große Anakonda (8–9 m lang) und dem in den Regenwäldern Indiens und auf den Philippinen lebenden Netzpython (5–6 m lang).

101. Antwort c. ist richtig. Blindschleichen sind keine Schlangen, sondern Echsen ohne Beine. Sie leben in Feuchtbiotopen und Wäldern. Oft sind sie unter Laub oder im Kompost versteckt.

102. Antwort a. ist richtig. Blindschleichen ernähren sich hauptsächlich von Nacktschnecken und Würmern. Vereinzelt fressen sie aber auch Insekten und Spinnen.

103. Antwort b. ist richtig. Die Blindschleiche verbringt den Winter in Kältestarre in einer selbst gegrabenen Höhle oder in einem Komposthaufen. Sie wird erst Ende März oder Anfang April wieder aktiv.

104. Antwort c. ist richtig. Lurche legen ihre Eier ins Wasser ab. Der Laichballen schwimmt im Wasser, wobei die Eier durch eine Schleimhülle geschützt sind. Nach etwa 2–3 Wochen schlüpfen dann die Kaulquappen.

105. Antwort b. ist richtig. Der Grasfrosch zählt zu den Froschlurchen. Diese haben nur im Larvenstadium einen Schwanz, der während der Entwicklung zum Landtier zurückgebildet wird. Salamander und Teichmolch sind Schwanzlurche. Diese haben zeitlebens einen lang gestreckten Körper und einen Schwanz.

106. Antwort a. ist richtig. Die Larven der Froschlurche, die sich aus den ins Wasser gelegten Eiern (dem Laich) entwickeln, nennt man Kaulquappen.

107. Antwort a. ist richtig. Der Laubfrosch hat von allen mitteleuropäischen Lurchen die lauteste Stimme. Er besitzt einen riesigen Kehlkopf und eine große, kehlständige Schallblase.

108. Antwort c. ist richtig. Das Wort „Amphibien“ leitet sich aus dem Griechischen ab („amphi bios“ = doppellebig). Die meisten Amphibienarten leben nämlich während des Larvenstadiums im Wasser und als erwachsene Tiere an Land.

109. Antwort b. ist richtig. Die Larven der Lurche atmen mit Kiemen, die ausgewachsenen Tiere mit Lungen und über die Haut.

110. Antwort b. ist richtig. Froschlurche haben lange Hinterbeine, mit denen sie weit springen können. Ihr Schultergürtel ist im Unterschied zu den Schwanzlurchen verknöchert und mit einem Schlüsselbein ausgestattet.

111. Antwort a. ist richtig. Kröten sind Froschlurche mit warziger, feuchter Haut.

112. Antwort c. ist richtig. Als Schallblasen bezeichnet man ballonartige Hautausstülpungen bei Froschlurchen. Die Tiere können sie aufpumpen und damit (vor allem in der Paarungszeit) ihre Rufe lauter werden lassen.

113. Antwort b. ist richtig. Die Männchen der Erdkröte tragen zur Paarungszeit an den Daumen (und den nächsten beiden Fingern) braune bis schwarze Schwielen. Das sind raue, verhornte Hautüberzüge, die dazu dienen, das Weibchen bei der Paarung zu umklammern und festzuhalten.

114. Antwort c. ist richtig. Mit ihren Rufen (Balzrufen) wollen die Männchen der Kröten und Frösche zur Paarungszeit im Frühling Weibchen anlocken.

115. Antwort b. ist richtig. Grasfrösche legen Laichballen mit 700 bis 4.500 Eiern in pflanzenreichen, besonnten Flachwasserbereichen ab.

116. Antwort c. ist richtig. Die Laichschnüre sind fünf bis acht Millimeter dick und zwei bis fünf Meter lang. Jedes Erdkröten-Weibchen kann 3.000 bis 8.000 Eier in Form von Schnüren ablegen.

117. Antwort a. ist richtig. Bei den Kammmolchen entwickeln die Männchen zur Paarungszeit einen hohen, stark gezackten Hautkamm auf Rücken und Schwanz. Er ist an der Schwanzwurzel unterbrochen (im Gegensatz zum Kamm des Teichmolchs).

118. Antwort c. ist richtig. Molchweibchen legen ihre Eier einzeln in ihren Laichgewässern ab.

119. Antwort a. ist richtig. Wegen seiner Hautfärbung (Warntracht) und seiner Fähigkeit, Gifte abzusondern, wird der Feuersalamander praktisch nie von Fressfeinden angegriffen.

120. Antwort b. ist richtig. Mit ihren Ohrdrüsen und Hautdrüsen am Rücken können Feuersalamander zur Abwehr von Feinden eine weißliche giftige Flüssigkeit absondern.

121. Antwort c. ist richtig. Baumsteigerfrösche (auch Pfeilgiftfrösche genannt) leben im süd- und mittelamerikanischen Regenwald.

122. Antwort c. ist richtig. Pfeilgiftfrösche verspeisen giftige Beuteinsekten und häufen deren Gift in ihrem Körper an. Nachkommen von Tieren, die in Gefangenschaft gehalten wurden, besitzen in den meisten Fällen kein Hautgift mehr.

123. Antwort b. ist richtig. Der Grottenolm, eine in Europa lebende Schwanzlurchart, zeigt (auch wenn er geschlechtsreif und fortpflanzungsfähig ist) Merkmale von Larven.

124. Antwort c. ist richtig. Der Grottenolm atmet mit Lungen und mit äußeren Kiemenbüscheln, die am Hinterkopf sitzen.

125. Antwort a. ist richtig. Der Grottenolm lebt in unterirdischen Höhlen mit unterirdischen Gewässern. Seine Heimat ist im Karst des Dinarischen Gebirges, das sich entlang der Adria, von Italien über Slowenien und Kroatien bis nach Herzegowina und Montenegro, zieht.

126. Antwort a. ist richtig. Im eigenen Strafraum ist dies für den Torwart erlaubt. Auch ein Feldspieler darf in einem Fall den Ball während des Spiels mit den Händen berühren, und zwar beim Einwurf. Allerdings muss er dabei hinter oder auf die Seitenlinie treten.

127. Antwort b. ist richtig. Es dürfen maximal drei Spieler ausgetauscht werden, z.B. wenn sie erschöpft oder verletzt sind. Doch es kommt auch vor, dass ein Trainer einen Spieler auswechselt, um einen neuen Spieler zu testen.

128. Antwort c. ist richtig. Ist der Nebel so dicht, dass von einem Tor das andere nicht mehr deutlich zu sehen ist, muss das Spiel abgebrochen werden.

129. Antwort c. ist richtig. Er zeigt dem Spieler die Gelbe Karte. Bei einem zweiten verwarnungswürdigen Regelverstoß während eines Spiels, wird der Spieler mit Gelb-Rot und somit mit einem Platzverweis bestraft.

130. Antwort a. ist richtig. Bei starkem Schneefall muss der Ball eine leuchtende Farbe, z. B. rot, haben, sonst wäre er für die Spieler auf dem verschneiten Rasen schwer zu sehen und zu treffen. Auch der Torwart kann den Ball so sicherer erkennen und fangen.

131. Antwort b. ist richtig. Im Mittelkreis befindet sich der Mittelpunkt des Spielfeldes. Da hier der Anstoß stattfindet, wird der Kreis auch Anstoßkreis genannt.

132. Antwort b. ist richtig. Bei einem Foul oder einem Handspiel innerhalb des Strafraums gibt der Schiedsrichter einen Strafstoß, der von der Strafstoßmarke aus geschossen wird.

133. Antwort a. ist richtig. Der so genannte „vierte Offizielle“ ist auch für das Anzeigen von Nachspielzeiten und Ein- und Auswechselungen zuständig. Er wird jedoch nur in der Bundesliga und bei internationalen Begegnungen eingesetzt.

134. Antwort c. ist richtig. Ein Torwart trägt nicht das Trikot der anderen Spieler seiner Mannschaft, sondern ein besonderes Torwart-Trikot und Handschuhe. So ist er für alle Spieler und vor allem für den Schiedsrichter immer deutlich zu erkennen.

135. Antwort a. ist richtig. Da der Schiedsrichter und seine Linienrichter nicht immer genau sehen können, ob der Ball sich vollständig hinter der Torlinie befindet, kommt es gelegentlich zu Fehlentscheidungen. Erst später zeigen Fernsehbilder den genauen Sachverhalt, ohne allerdings auf das Ergebnis Einfluss zu haben.

136. Antwort c. ist richtig. Da die Eckfahne Teil des Spielfeldes ist und der Ball somit das Spielfeld gar nicht verlassen hat, wird weitergespielt.

137. Antwort c. ist richtig. Bei internationalen Begegnungen muss die Länge des Spielfelds 100 bis 110 Meter betragen. Ansonsten darf ein Spielfeld eine Länge zwischen 90 und 120 Metern haben.

138. Antwort a. ist richtig. Es gilt die Auswärtstorregel: Wenn beide Mannschaften nach beiden Spielen die gleiche Anzahl an Punkten und Toren haben, ist die Mannschaft Sieger, die die meisten Auswärtstore geschossen hat. Gibt es auch hier Gleichstand, geht es in die Verlängerung, und schließlich gibt es Elfmeterschießen.

139. Antwort b. ist richtig. Der IFAB wurde 1882 gegründet und ist bis heute die von allen Verbänden anerkannte Organisation, die die Spielregeln im Fußball bestimmt.

140. Antwort c. ist richtig. Der Radius muss 9,15 m betragen. Auch der Teilkreis vom Strafstoßpunkt vor dem Strafraum hat diesen Radius.

141. Antwort a. ist richtig. Diese „krumme" Zahl von 7,32 m ist darauf zurückzuführen, dass der Abstand ursprünglich in der englischen Einheit Yards festgelegt wurde. Acht Yards entsprechen 7,32 m.

142. Antwort b. ist richtig. Die Linienrichter. Sie sind allerdings nur bei höherklassigen Begegnungen üblich und werden heute offiziell Schiedsrichterassistenten genannt.

143. Antwort c. ist richtig. Er ahndet dies mit einem Freistoß. Bei weniger großen Regelverstößen, wie gefährlichem Spiel, verhängt der Schiedsrichter einen indirekten Freistoß, bei dem zuvor ein zweiter Spieler den Ball berührt haben muss, bevor ein Schuss zu einem Tor führen kann.

144. Antwort b. ist richtig. Die Abseitsregel besagt, dass ein angreifender Spieler vor dem gegnerischen Tor keinen Pass annehmen darf, wenn sich zwischen ihm und dem Torwart kein Spieler der gegnerischen Mannschaft befindet.

145. Antwort c. ist richtig. Der Abstand muss 9,15 m betragen. Ist dies nicht der Fall oder stürmt ein gegnerischer Spieler allzu schnell vor, muss der Freistoß wiederholt werden.

146. Antwort c. ist richtig. Oft wird der Ball während eines Zweikampfes oder im Rahmen einer Abwehrmaßnahme ins Aus geschossen, um einen Angriff zu bremsen. Den anschließenden Einwurf übernimmt ein Spieler der Mannschaft, die zuletzt nicht ballführend war.

147. Antwort b. ist richtig. Sie dürfen auch silbern sein. Somit können Pfosten und Querlatte auch aus Aluminium bestehen und müssen nicht gestrichen werden.

148. Antwort a. ist richtig. Wenn ein Feldspieler im Strafraum den Ball mit der Hand spielt, gibt der Schiedsrichter einen Strafstoß. Verhindert der Spieler damit ein Tor, bekommt er die Rote Karte.

149. Antwort a. ist richtig. Falls wegen Platzverweisen weniger als sieben Spieler auf dem Platz sind, kann der Spielführer dieser Mannschaft vom Schiedsrichter den Abbruch des Spiels verlangen, sofern seine Mannschaft im Rückstand ist.

150. Antwort b. ist richtig. Außerhalb des Strafraums darf der Torwart den Ball nicht mit der Hand spielen. Tut er es doch und verhindert damit ein Tor, bekommt er die Rote Karte.

151. Antwort a. ist richtig. Mit fünf Titelgewinnen ist Brasilien die erfolgreichste Fußball-Nationalmannschaft der Welt.

152. Antwort b. ist richtig. Die erste Damenfußball-WM fand 1991 in China statt. Weltmeister wurden die USA.

153. Antwort c. ist richtig. Nur vier Mannschaften aus Europa nahmen an dieser ersten WM teil. Deutschland war nicht unter den Teilnehmern. Weltmeister wurde Gastgeber Uruguay.

154. Antwort c. ist richtig. Das Endspiel gegen Argentinien fand am 8. Juli 1990 in Rom statt, wobei Deutschland aus dem Spiel mit einem 1 : 0 als Sieger hervorging.

155. Antwort a. ist richtig. 2002 gab es die erste WM, die in Asien ausgetragen wurde, und die erste WM mit zwei Gastgeberländern, nämlich Japan und Südkorea. Die Eröffnungsfeier fand in Seoul (Korea) statt, das Endspiel in Yokohama (Japan).

156. Antwort a. ist richtig. Deutschland verlor im Finale gegen Argentinien 3 : 2 und erreichte damit den 2. Platz.

157. Antwort a. ist richtig. 1950 wurde Deutschland als Auslöser des Zweiten Weltkriegs von der WM ausgeschlossen.

158. Antwort a. ist richtig. Im Endspiel 1974 war Gerd Müller der glückliche Schütze des Siegtores. Deutschland gewann mit 2 : 1 gegen die Niederlande.

159. Antwort c. ist richtig. Bei dieser WM 1974 in Deutschland hat alles gepasst. Bis auf das Wetter, denn bei vielen Spielen hat es in Strömen geregnet.

160. Antwort c. ist richtig. Argentinien war zu diesem Zeitpunkt eine Militärdiktatur, so dass einige Länder, darunter auch Deutschland, darüber nachdachten, nicht zur WM zu reisen.

161. Antwort c. ist richtig. Im Endspiel der WM 1966 trafen Deutschland und Gastgeber England aufeinander. Beim Stand von 2 : 2 schoss der Engländer Geoff Hurst den Ball an die Latte des deutschen Tors. Der Ball landete auf der Torlinie und wurde als Tor gewertet. Dieses Tor wurde als Wembley-Tor bekannt.

162. Antwort b. ist richtig. Der WM-Gewinn in Bern wurde als „Das Wunder von Bern“ bezeichnet, weil der Finalgegner Ungarn als beste Mannschaft der Welt und als einzig möglicher Sieger galt.

163. Antwort c. ist richtig. Trinidad und Tobago konnte sich 2006 das erste Mal für eine WM qualifizieren. Der Inselstaat ist noch kleiner als Costa Rica (drei WM-Teilnahmen) oder Slowenien (eine WM-Teilnahme).

164. Antwort a. ist richtig. Der DFB wurde 1900 in Leipzig gegründet und ist heute der größte Sportverband der Welt. 26.000 Vereine sind Mitglied im DFB.

165. Antwort b. ist richtig. 1896 wurde eine neue Regel eingeführt, die besagt, dass das Spielfeld frei von Bäumen und Sträuchern sein muss. Sie ist als „Jenaer Regel“ bekannt.

166. Antwort b. ist richtig. Es fand 1872 in Glasgow statt. Die beiden Mannschaften waren Schottland und England, die sich mit 0 : 0 trennten.

167. Antwort c. ist richtig. Die Trillerpfeife. Der Hauptgrund war, dass sich der Schiedsrichter dadurch viel besser gegen die Spieler durchsetzen und verständlich machen konnte.

168. Antwort a. ist richtig. 1960 wurde der Wettbewerb noch „Europapokal der Nationen“ genannt. Acht Jahre später wurde er in „Europameisterschaft“ umbenannt.

169. Antwort c. ist richtig. In China wurde ein Spiel mit dem Namen „Ts’ uh-küh“ gespielt, das dem heutigen Fußballspiel sehr ähnlich war.

170. Antwort c. ist richtig. Die Champions League wurde vor 1992 „Europapokal der Landesmeister“ genannt. Inzwischen hat sich der Begriff „Champions League“ in ganz Europa durchgesetzt.

171. Antwort b. ist richtig. Soccer, also Fußball, zählt nicht zu den Lieblingssportarten der Amerikaner. Sie ziehen Baseball und American Football vor.

172. Antwort a. ist richtig. Die Mannschaft bestand aus 7 Spielern. 11 Spieler haben sich aber sehr schnell als die beste Zahl erwiesen.

173. Antwort b. ist richtig. Nicht nur die Zuschauer, auch die Schiedsrichter konnten durch die Rückennummern nun die Spieler viel besser voneinander unterscheiden und die Situation schneller erfassen.

174. Antwort c. ist richtig. Die Einwechselung von bis zu drei Ersatzspielern gibt jeder Mannschaft bei verletzten oder erschöpften Spielern eine größere Chance.

175. Antwort b. ist richtig. Vor 1903 durfte der Torwart den Ball auf dem gesamten Feld mit der Hand berühren. Diese Regelung erwies sich jedoch als sehr unglücklich, da der Torwart den Ball per Hand in die gegnerische Hälfte tragen konnte.

176. Antwort a. ist richtig. Zwar wurde das Fußballspiel nicht in Großbritannien erfunden, doch wurden dort die ersten Regeln festgelegt und die ersten Turniere ausgetragen.

177. Antwort c. ist richtig. Der englische Verein Sheffield F. C. war der erste Fußballverein der Welt. So wurde der Vereinsfußball erfunden.

178. Antwort a. ist richtig. Bei den Olympischen Spielen 1900 traten zunächst drei Vereinsmannschaften gegeneinander an. Seitdem es Jugend-Nationalmannschaften gibt, spielen diese im olympischen Turnier.

179. Antwort c. ist richtig. Die Tornetze beendeten die manchmal langwierige Suche des Torwarts nach dem Ball. Außerdem wurden nun die Plätze hinter dem Tor wesentlich beliebter bei den Zuschauern.

180. Antwort b. ist richtig. Seit 1908 wurde Fußball vom Militär zu Trainingszwecken eingesetzt. In Deutschland wurden diese und andere Begriffe aus der Sprache des Militärs übernommen.

181. Antwort b. ist richtig. Das Handspiel der Feldspieler wurde 1870 verboten. Diese Änderung der Regeln war sehr wichtig, denn bis dahin hatte Fußball noch große Ähnlichkeit mit Rugby.

182. Antwort c. ist richtig. Seit 1924 darf ein Eckball direkt in ein Tor verwandelt werden. Bis dahin musste der Eckball erst von einem anderen Spieler geflankt werden, bevor ein Tor geschossen werden konnte.

183. Antwort a. ist richtig. Die FIFA, der Weltfußballverband, ist zum Beispiel Ausrichter der Fußballweltmeisterschaften.

184. Antwort c. ist richtig. Während zur FIFA 208 Mitglieder zählen, hat die UNO (die Vereinten Nationen) nur 191 Mitgliedsländer.

185. Antwort b. ist richtig. Das Elfmeterschießen nach der Verlängerung wurde 1970 eingeführt. Diese Regelung, die zum Spielentscheid führen soll, hat sich besser bewährt als das Golden Goal.

186. Antwort b. ist richtig. Die Karten wurden 1970 eingeführt und haben sich seitdem als Instrumente des Schiedsrichters sehr bewährt.

187. Antwort c. ist richtig. 1996 wurde der Frauenfußball endlich zur olympischen Disziplin. Darauf haben viele Frauen lange gewartet.

188. Antwort a. ist richtig. Der Einwurf mit beiden Händen wurde erlaubt, da sich der Einwurf mit einer Hand als sehr schwierig erwies.

189. Antwort b. ist richtig. Der Elfmeterkreis wurde 1902 zu einem Elfmeterpunkt. An dieser Linienführung wurde seitdem nichts mehr verändert.

190. Antwort a. ist richtig. Überschwänglicher Jubel kann seit 1984 mit der Gelben Karte geahndet werden. Dadurch soll eine lange Spielverzögerung verhindert werden.

191. Antwort c. ist richtig. Die ersten Spielregeln, von denen viele im Prinzip heute noch gelten, wurden von Studenten der Universität Cambridge in England verfasst.

192. Antwort c. ist richtig. Die Union of European Football Associations (UEFA) ist der Europäische Fußballverband und wurde 1954 in der Schweiz gegründet.

193. Antwort b. ist richtig. 1872 hatte ein englischer Schiedsrichter die Idee, eine Trillerpfeife für die Leitung des Spiels einzusetzen.

194. Antwort a. ist richtig. Die Verlängerung wurde erstmals 1897 in Irland eingesetzt und hat sich seitdem so bewährt, dass sie aus dem internationalen Fußball nicht mehr wegzudenken ist.

195. Antwort b. ist richtig. Es traten 1900 nur drei Länder an, nämlich England, Frankreich und Belgien. England gewann das Turnier.

196. Antwort c. ist richtig. Die ersten Spiele wurden zwischen Dörfern und kleinen Städten ausgetragen, deren Stadttore als reguläre Tore dienten.

197. Antwort a. ist richtig. Der Verein von Sheffield in England konnte sich 1887 die erste elektrische Flutlichtanlage leisten.

198. Antwort a. ist richtig. Der Hamburger SV ist Gründungsmitglied und als einziger Verein niemals abgestiegen.

199. Antwort c. ist richtig. Mit 365 Toren erzielte Gerd Müller, der von 1965 bis 1979 für den FC Bayern München stürmte, in fast jedem Spiel ein Tor.

200. Antwort b. ist richtig. Der Meister und der Vizemeister sind direkt qualifiziert für die Champions League. Die anderen Teilnehmer werden durch ein Qualifikationssystem ermittelt.

201. Antwort b. ist richtig. Die Mannschaften auf den Plätzen 16 bis 18 der 1. Bundesliga steigen ab, die Plätze 1 bis 3 der 2. Bundesliga steigen auf. Ab der Saison 2008/09 gibt es allerdings eine Relegationsrunde, in der der 16. gegen den 3. um den Platz in der 1. Bundesliga spielt.

202. Antwort a. ist richtig. Der Berliner Verein Tasmania 1900 gilt als schlechtester Bundesliga-Verein aller Zeiten.

203. Antwort c. ist richtig. Der FC Hansa Rostock wurde 1991 in die Bundesliga aufgenommen. Die zweite Mannschaft, die aufgenommen wurde, war Dynamo Dresden, so dass vorübergehend gleich 20 Mannschaften in der Bundesliga vertreten waren.

204. Antwort a. ist richtig. Karl-Heinz Körbel spielte von 1972 bis 1991 für Eintracht Frankfurt und wechselte nie den Verein. In den 90er Jahren wurde er sogar Cheftrainer.

205. Antwort a. ist richtig. Diese Titelverteidigung von Borussia Mönchengladbach galt damals als Sensation. Mit dem Gewinn der Meisterschaften 1975, 1976 und 1977 gelang Mönchengladbach sogar der Titel-Hattrick.

206. Antwort c. ist richtig. In den ersten Jahren der Bundesliga war der TSV 1860 München die führende Münchner Mannschaft.

207. Antwort c. ist richtig. Dieses 12 : 0 ist der bislang höchste Sieg, den eine Mannschaft in der Bundesliga erzielen konnte.

208. Antwort b. ist richtig. Der FC Bayern München stieg erst 1965 in die Bundesliga auf und war somit nicht von Anfang an dabei.

209. Antwort a. ist richtig. Bayern München hatte zum Ende der Saison 1985/86 genauso viele Punkte wie Werder Bremen. Nur wegen des besseren Torverhältnisses wurde Bayern Meister.

210. Antwort a. ist richtig. „Borussia" ist lediglich die lateinische Übersetzung von „Preußen".

211. Antwort c. ist richtig. Diesen rasanten Durchmarsch hatte der Verein 1. FC Kaiserslautern nicht zuletzt dem Trainer Otto Rehhagel zu verdanken. Er führte die Mannschaft 1997/98 zum Meistertitel.

212. Antwort b. ist richtig. Der 1. FC Köln war der erste Meister der Bundesliga. Der zweite Meistertitel folgte erst 1978, der dritte steht bis heute aus.

213. Antwort c. ist richtig. Der 1. FC Nürnberg ist bislang der einzige Verein, der als ein amtierender Deutscher Meister abgestiegen ist.

214. Antwort a. ist richtig. Keine andere Bundesligamannschaft ist so oft ab- und wieder aufgestiegen wie Arminia Bielefeld.

215. Antwort b. ist richtig. Sechs der Titel gewann Udo Lattek als Trainer von Bayern München und zwei als Trainer von Borussia Mönchengladbach.

216. Antwort a. ist richtig. Die SpVgg Unterhaching bewies, dass nicht nur Bayern München und 1860 München in München Profifußball spielen können.

217. Antwort c. ist richtig. Nach dem Abstieg von Fortuna Düsseldorf 1997 kam es 1999 zum „Aus“ in der 2. Bundesliga. Zu den größten Fans und Sponsoren der Düsseldorfer gehört die Band „Die Toten Hosen“.

218. Antwort c. ist richtig. Der Geißbock ist seit 40 Jahren das Maskottchen der Kölner. Die Stadionzeitschrift heißt daher auch „Geißbock-Echo“. Der Geißbock trägt immer den Namen „Hennes“.

219. Antwort c. ist richtig. Bayer Leverkusen wurde 1904 als Werksverein der Firma Bayer gegründet und trägt daher auch den Namen dieser Firma.

220. Antwort a. ist richtig. In über 40 Jahren der Ligazugehörigkeit beschäftigte Eintracht Frankfurt über 30 Trainer. Viele von ihnen wurden vorzeitig aus ihren Verträgen entlassen.

221. Antwort b. ist richtig. Das waren sechs Spieler. Heute sind es wesentlich mehr, oft über 50% des Mannschaftskaders.

222. Antwort c. ist richtig. Jörg Butt, der bislang für den Hamburger SV und Bayer Leverkusen im Tor stand, ist Elfmeterexperte und der erfolgreichste Torwart-Torschütze der Bundesliga.

223. Antwort a. ist richtig. Damit ist Sepp Maier ein Rekordinhaber in der Geschichte der Bundesliga. 1978 erhielt er das Bundesverdienstkreuz.

224. Antwort b. ist richtig. Der volle Name des Vereins lautet „FC Gelsenkirchen-Schalke 04 e.V." Außerdem taucht das „G" von Gelsenkirchen im Vereinswappen auf. Der Spitzname des Vereins ist „die Königsblauen".

225. Antwort b. ist richtig. Die Bundesliga ist die höchste Profiliga im deutschen Fußball.

226. Antwort c. ist richtig. Otto Rehhagel ist der erste ausländische Trainer, dem der Gewinn einer Europameisterschaft mit einer anderen Nationalmannschaft gelang. In Griechenland wird er „Rehakles" in Anspielung auf den Helden Herakles genannt.

227. Antwort a. ist richtig. Das Verfahren gegen Christoph Daum wurde später zwar eingestellt, doch war die Chance auf den Trainerposten bei der Nationalmannschaft vertan. 2004 und 2005 wurde Daum als Trainer von Fenerbahçe Istanbul Türkischer Fußballmeister.

228. Antwort b. ist richtig. Trapattoni sagte diesen Satz am Ende seiner berühmten Pressekonferenz am 10. März 1998 in München.

229. Antwort b. ist richtig. Ottmar Hitzfeld gewann 1997 mit Borussia Dortmund und 2001 mit Bayern München die Champions League.

230. Antwort b. ist richtig. Sepp Herberger war von 1936 bis 1942 sowie von 1950 bis 1964 Trainer der deutschen Nationalmannschaft.

231. Antwort b. ist richtig. Erst nach dem Gewinn der Weltmeisterschaft hat Franz Beckenbauer eine offizielle Trainerlizenz vom DFB erhalten. Anschließend trainierte er Mannschaften wie Olympique Marseille und Bayern München.

232. Antwort a. ist richtig. Neben Deutschland und Schottland hat Berti Vogts auch die Nationalmannschaften von Kuwait und Nigeria trainiert. Allerdings war er nur mit Deutschland richtig erfolgreich.

233. Antwort b. ist richtig. Rudi Völler wurde bei der WM 2002 in Korea und Japan überraschend Vizeweltmeister mit der deutschen Mannschaft.

234. Antwort b. ist richtig. Lothar Matthäus trainiert seit der Saison 2001/2002 verschiedene Mannschaften, u.a. Rapid Wien und die ungarische Nationalmannschaft.

235. Antwort a. ist richtig. Silvia Neid war eine der erfolgreichsten deutschen Spielerinnen und gewann mit verschiedenen Vereinen sieben Deutsche Meisterschaften.

236. Antwort c. ist richtig. Außerdem gewann Udo Lattek zwei Mal mit Borussia Mönchengladbach die Deutsche Meisterschaft.

237. Antwort b. ist richtig. Bevor Jürgen Klinsmann Berufsfußballer und Trainer wurde, hat er als Bäckergeselle in der Bäckerei seines Vaters in Stuttgart gearbeitet. Die erste Station seiner Profilaufbahn war der Verein Stuttgarter Kickers.

238. Antwort b. ist richtig. Der brasilianische Stürmer wurde unter dem Namen Pelé bekannt und von der FIFA zum „Weltfußballer des vergangenen Jahrhunderts" gewählt. Er gilt für viele Experten, darunter auch Franz Beckenbauer, als bester Fußballspieler aller Zeiten.

239. Antwort c. ist richtig. Zinedine Zidane wird in Frankreich auch „Zizou" genannt und ist der Sohn algerischer Einwanderer.

240. Antwort a. ist richtig. Oliver Kahn spielt seit 1994 für den FC Bayern München, der mit Sepp Maier schon einmal einen Weltklasse-Torwart für die Nationalmannschaft gestellt hat.

241. Antwort c. ist richtig. Der brasilianische Stürmer Ronaldo ist mit 15 Toren bei Fußballweltmeisterschaften der erfolgreichste WM-Torjäger aller Zeiten. Dafür brauchte er nur 19 WM-Spiele.

242. Antwort c. ist richtig. Ronaldinho bedeutet „kleiner Ronaldo". Dieser Beiname wurde ihm gegeben, da er jünger als sein bekannter Namensvetter ist. Ronaldinho wurde 2004 und 2005 zum „Weltfußballer des Jahres" gewählt.

243. Antwort b. ist richtig. Franz Beckenbauer verdankt diesen Titel einem Foto aus dem Jahr 1968, das ihn neben dem österreichischen Kaiser Franz I. in Wien zeigt. Daraufhin wurde er nur noch als „Kaiser" bezeichnet.

244. Antwort a. ist richtig. Bis zum Beginn der 1990er Jahre war „Fußballgott" Maradona, dessen Vorfahren aus Italien stammen, einer der besten Fußballer der Welt. Nach mehreren Sperrungen wegen Dopings und einer immer offensichtlicheren Drogensucht musste er 1995 seine Karriere beenden.

245. Antwort b. ist richtig. In den Jahren 2002, 2003 und 2005 wurde Michael Ballack zum „Fußballer des Jahres" gewählt. Er spielt seit 2006 für den FC Chelsea London.

246. Antwort c. ist richtig. Der derzeitige Fußballmanager Oliver Bierhoff spielte unter anderem für Bayer 05 Uerdingen, Hamburger SV, Borussia Mönchengladbach, Austria Salzburg, Ascoli Calcio 1898, Udinese Calcio, den AC Mailand und den AS Monaco.

247. Antwort a. ist richtig. Fritz Walter (*1920; †2002) war 1954 Kapitän der deutschen Nationalmannschaft, einer der berühmtesten und der am häufigsten ausgezeichnete Fußballspieler Deutschlands. Das Stadion von Kaiserslautern trägt seit 1985 seinen Namen.

248. Antwort b. ist richtig. Seeler spielte stets für den HSV. Selbst Millionenangebote aus dem Ausland, wie 1961 von Inter Mailand, hat Uwe Seeler abgelehnt.

249. Antwort a. ist richtig. Lukas Podolski wechselte 2006 für 10 Millionen Euro von Köln nach München. Auch sein Vater Waldemar war bereits Fußballprofi.

250. Antwort b. ist richtig. Helmut Rahn schoss das entscheidende Tor im Finale 1954 gegen Ungarn. Deutschland wurde mit 3 : 2 überraschend Weltmeister.

251. Antwort c. ist richtig. Wale sind Meeressäuger. Sie atmen mit Lungen, gebären lebende Junge und säugen sie mit Muttermilch, so wie auch Kühe.

252. Antwort b. ist richtig. Zahnwale sind Meeressäuger mit Säugetiergebiss und Zähnen. Sie können damit Fische und Tintenfische erbeuten.

253. Antwort b. ist richtig. Wale können an Land nicht überleben, weil sie so schwer sind und durch ihr eigenes Gewicht erdrückt werden.

254. Antwort c. ist richtig. Bei Zahnwalen sind im Gegensatz zu den Bartenwalen die Hintergliedmaßen völlig rückgebildet.

255. Antwort a. ist richtig. Walbabys werden im Meer geboren. Sie kommen nicht mit dem Kopf, sondern mit der Schwanzflosse zuerst auf die Welt.

256. Antwort c. ist richtig. Walmütter bringen stets nur ein Junges zur Welt. Die Tragzeit dauert je nach Große des Wales zwischen 10 und 18 Monate. Nach der Geburt wird das Jungtier an die Wasseroberfläche gebracht, damit es atmen kann.

257. Antwort a. ist richtig. Bartenwale ernähren sich von Plankton. Sie besitzen einen Filterapparat aus hornigen Platten, mit dem sie ihre Nahrung aus dem Wasser filtern.

258. Antwort a. ist richtig. Die Rückenflosse der Haie und Wale bezeichnet man als Finne. Sie hat eine charakteristische dreieckige Form und sorgt für ausgeglichene Bewegungen der Fische.

259. Antwort b. ist richtig. Der Körper der Wale ist von einer dicken, vor Kälte schützenden Fettschicht eingehüllt, die man Blubber nennt.

260. Antwort b. ist richtig. Bartenwale haben zwei Nasenlöcher, die eine v-förmige Fontäne erzeugen. Das Nasenloch nennt man bei Walen auch „Blasloch".

261. Antwort a. ist richtig. Das am Rücken liegende Blasloch eines gestrandeten Wals darf nicht bedeckt werden, weil die Tiere nur durch das Blasloch Luft holen können.

262. Antwort a. ist richtig. Der Blauwal ist das größte Tier der Welt. Er lebt im Antarktischen Meer (Südpol) und ernährt sich von Krill.

263. Antwort c. ist richtig. Blauwale wiegen etwa 200 Tonnen und damit mehr als 15 ausgewachsene Elefanten.

264. Antwort b. ist richtig. Der Blauwal wird durchschnittlich 26 m lang. Einzelne Tiere können bis zu 33 m lang werden. Sie sind damit dreimal so lang wie ein Omnibus.

265. Antwort b. ist richtig. Der Gänseschnabel am Lungeneingang des Wals verhindert, dass Wasser in die Lunge dringt, während das Tier unter Wasser frisst.

266. Antwort a. ist richtig. Furchenwale, zu denen z.B. der Blauwal gehört, können auf kurzen Strecken Geschwindigkeiten von bis zu 50 km pro Stunde erreichen.

267. Antwort b. ist richtig. Die größte Delfinart ist der Große Schwertwal, auch Killerwal genannt. Er wird bis zu 10 m lang und greift auch Robben, kleinere Delfine und andere Walarten an.

268. Antwort a. ist richtig. Der Große Tümmler ist eine Delfinnart und kommt in allen Ozeanen vor. Er kann zwischen 1,90 m und 4 m lang und bis zu 650 kg schwer werden. Ganz typisch ist auch die kurze Schnauze, die auch „Flaschennase" genannt wird.

269. Antwort c. ist richtig. Tümmler können Pfeiftöne und Klicklaute ausstoßen und verständigen sich untereinander mit diesen Tönen.

270. Antwort c. ist richtig. Schnabelwale sind nach ihrer lang gezogenen Schnauze benannt. Bei manchen Arten geht der Kopf wie bei einem Delfin geradlinig in die Schnauze über.

271. Antwort a. ist richtig. Delfine jagen meist gemeinsam. Durch Pfeifen und Schläge mit der Schwanzflosse treiben sie ihre Beute – die Schwarmfische – zusammen.

272. Antwort b. ist richtig. Der Nördliche Entenwal gilt als sehr neugierig und nähert sich auffälligen Geräuschen, z.B. Schiffsmotoren. Das macht ihn zu einer leichten Beute für Walfänger.

273. Antwort b. ist richtig. Gründelwale, wie z.B. der Beluga und der Narwal, haben keine Rückenfinne. Sie sind mit den Delfinen und Schweinswalen verwandt.

274. Antwort c. ist richtig. Die Gründelwale finden Ihre Nahrung überwiegend am Meeresgrund. Sie fressen Fische, Muscheln, Tintenfische, Krebse und andere Meerestiere.

275. Antwort b. ist richtig. Der männliche Pottwal, ein Vertreter der räuberischen Zahnwale, kann bis zu 20 m lang werden. Weibliche Pottwale werden bis zu 13 m lang.

276. Antwort c. ist richtig. Der Pottwal kann bis in 3.000 m Tiefe tauchen und über eine Stunde lang im Wasser bleiben, ohne Luft zu holen.

277. Antwort c. ist richtig. Wegen der guten Schallleitfähigkeit des Wassers lassen sich die Gesänge der Wale noch in einer Entfernung von mehreren 100 bis einigen 1.000 Kilometern wahrnehmen.

278. Antwort c. ist richtig. Lebende Wale stranden, wenn sie sich in flache Küstengewässer verirrt haben und sich nicht mehr richtig orientieren können.

279. Antwort a. ist richtig. Der Schweinswal wird bis zu 2,5 m lang und gehört damit eher zu den kleinen Walen. Sie haben einen gedrungenen Körper und eine stumpfe Schnauze ohne Schnabel.

280. Antwort c. ist richtig. Moby Dick, ein weißer Pottwal, ist Hauptfigur des 1851 erschienenen Romans „Moby Dick“ des amerikanischen Schriftstellers Hermann Melville.

281. Antwort a. ist richtig. Tran ist ein fettes Öl, das durch Erhitzen oder Auspressen aus dem Fettgewebe von Meerestieren (Wale, Robben) gewonnen wird.

282. Antwort c. ist richtig. Der Blauwal wurde durch Walfang fast ausgerottet. 1966 stellte man das Tier unter Artenschutz. Heute gibt es weltweit nur noch etwa 5.000 Tiere.

283. Antwort b. ist richtig. Die in der Nordsee lebenden Wale verheddern sich häufig in Fischernetzen und ertrinken, weil sie nicht zum Luftholen an die Oberfläche gelangen.

284. Antwort a. ist richtig. Der Narwal wurde wegen seines wertvollen Stoßzahns von Walfängern gejagt. Heute ist diese Jagd verboten.

285. Antwort c. ist richtig. Im Meer lebende Orcas werden bis zu 80 Jahre. In Delfinarien gehalten erreichen sie höchstens ein Alter von 20 Jahren.

286. Antwort b. ist richtig. Die kleinste Walart, die unter anderem auch in der Nordsee lebt, ist der Schweinswal. Er ist mit den Delfinen verwandt.

287. Antwort c. ist richtig. Den Topfwal gibt es in keinem Meer der Welt, denn er ist frei erfunden.

288. Antwort a. ist richtig. Orcas werden besonders häufig für Delfinarien gefangen. Seit 1961 landeten dort mindestens 135 Orcas, von denen bereits 116 Tiere tot sind.

289. Antwort b. ist richtig. Das Washingtoner Artenschutzübereinkommen (WA) von 1981 verbietet unter anderem die Einfuhr von Walfleisch, Walöl und Pottwalzähnen.

290. Antwort b. ist richtig. In der griechischen Mythologie wird Demeter, die Göttin der Erde und Fruchtbarkeit, von einem Delfin begleitet.

291. Antwort c. ist richtig. Delfine können bis zu 90 km pro Stunde schwimmen. Auf der Jagd tauchen sie bis zu 300 m tief. Delfine nähern sich auch gerne Schiffen, um auf den Wellen zu reiten.

292. Antwort a. ist richtig. Die Jungen der Delfine bleiben bis zu sechs Jahre bei ihren Muttertieren, bevor sie selbständig leben.

293. Antwort b. Die Sprünge der Delfine ermöglichen ihnen nicht nur eine schnellere Fortbewegung, sondern helfen ihnen auch bei der Suche nach Futterplätzen, da sie sich z.B. an Möwenansammlungen orientieren.

294. Antwort c. ist richtig. Delfine atmen mit einem Loch auf ihrem Kopf. Dadurch müssen sie nicht ihren ganzen Kopf beim Atmen aus dem Wasser strecken.

295. Antwort b. ist richtig. Delfine senden Schallwellen aus, die auf Felsen oder andere Tiere treffen und dann zurückgeworfen werden. Der Delfin fängt die Schallwellen mit seinem Unterkiefer wieder auf.

296. Antwort c. ist richtig. Der Seehund ist eine Robbenart, die vor allem auf der Nordhalbkugel, im Atlantik und im Pazifik lebt.

297. Antwort a. ist richtig. Durch die gleichnamige Fernsehserie wurde ein Delfin namens Flipper sehr berühmt.

298. Antwort a. ist richtig. Robben sind im Meer lebende Säugetiere, die mit Lungen atmen. Sie kommen – im Unterschied zu den Walen und Delfinen – immer wieder an Land.

299. Antwort c. ist richtig. Robben sind Raubtiere. Sie ernähren sich vor allem von Fischen und anderen kleinen Meerestieren.

300. Antwort a. ist richtig. Seehunde können bis zu 200 m tief und 30 Minuten lang tauchen. Ein Tauchgang dauert aber meist nur drei Minuten.

301. Antwort b. ist richtig. Seekühe leben in Küstennähe und halten sich oft in sehr flachem Wasser auf.

302. Antwort b. ist richtig. Seekühe ernähren sich rein pflanzlich. Sie fressen hauptsächlich Seegras und Algen.

303. Antwort a. ist richtig. Das Walross ist eine Robbe, die in den kalten Meeren der Nordhalbkugel lebt.

304. Antwort c. ist richtig. Das Walross frisst unter Wasser meist Muscheln, Schnecken, Krebstiere, Seegurken, Tintenfische und gelegentlich auch Fische.

305. Antwort b. ist richtig. Der See-Elefant ist die größte Robbenart der Welt. Er hat eine rüsselartig vergrößerte Nase.

306. Antwort b. ist richtig. Ein Seehund-Männchen wiegt 150 kg, während das Seehund-Weibchen ca. 110 kg auf die Waage bringt. Neugeborene Seehunde können schon 1 m lang sein und zwischen 8–12 kg wiegen.

307. Antwort c. ist richtig. Verwaiste Seehundbabys werden wegen ihrer Rufe nach der Mutter „Heuler" genannt. Leider verlassen manche Mütter ihre Jungen, weil sie oft von Touristen in ihrer natürlichen Umgebung gestört werden.

308. Antwort a. ist richtig. Junge Seehunde werden leider wegen ihres besonders weichen Fells gejagt. Ihnen wird das Fell abgezogen, um es anschließend zu verkaufen.

309. Antwort b. ist richtig. Wenn das Männchen Rivalen verjagen will, bläht es seinen Rüssel auf. Dieses Brüllen kann man ca. 800 m weit hören.

310. Antwort a. ist richtig. Das Meer ist eine zusammenhängende Wassermasse, die 71 % der Erdoberfläche bedeckt. Die größeren Teile des Weltmeeres werden als Ozeane bezeichnet.

311. Antwort c. ist richtig. Man unterscheidet drei Ozeane: den Atlantischen, den Pazifischen und den Indischen Ozean.

312. Antwort b. ist richtig. Der durchschnittliche Salzgehalt der Meere liegt bei rund 3,5 %.

313. Antwort c. ist richtig. Die tiefste Stelle des Weltmeers liegt im Pazifischen Ozean am Marianengraben, nördlich des Äquators. Hier ist das Meer 11.034 m tief.

314. Antwort c. ist richtig. Als Plankton bezeichnet man kleine, im Wasser treibende und schwebende Lebewesen, also Pflanzen, Tiere und Jugendstadien von Tieren.

315. Antwort a. Schwämme sind einfach gebaute Tiere, die auf dem Meeresboden wachsen. Sie werden von Tauchern gepflückt.

316. Antwort b. ist richtig. Krill ist ein norwegisches Wort und heißt übersetzt „Walnahrung". Man bezeichnet damit Kleinkrebse, die Teil des tierischen Planktons im antarktischen Meer sind.

317. Antwort c. ist richtig. Schwämme haben keine Nerven- und Muskelgewebe oder Organe (z.B. Magen und Darm). Abgestorbene Hornschwämme, kann man zu Badeschwämmen verarbeiten.

318. Antwort b. ist richtig. Schwämme nehmen ihre Nahrung durch Filterzellen aus dem Wasser auf. Zellen sind die kleinste Grundeinheit aus der Lebewesen bestehen.

319. Antwort c. ist richtig. Die Seewespe gilt als sehr gefährlich. Ihre Fangarme sind mit Nesselzellen besetzt, die ein Gift absondern, das innerhalb von Minuten zum Tod führt.

320. Antwort b. ist richtig. Schlangensterne, Seesterne, Seegurken und Seeigel zählen zu den Stachelhäutern. Die meisten Arten besitzen einen fünfgliedrigen Körper und bewegen sich wie auf kleinen Stelzen.

321. Antwort a. ist richtig. Kiemen sind Atmungsorgane, die in besonders geschützten Öffnungen liegen, z.B. Panzer, Mantelhöhle oder Kiemendeckel.

322. Antwort c. ist richtig. Die Eier von Fischen werden Laich genannt. Die Eiablage wird als Laichen bezeichnet.

323. Antwort b. ist richtig. Meeresschnecken atmen mit Kiemen, die in der so genannten Mantelhöhle liegen.

324. Antwort a. ist richtig. Die gemeine Seepocke ist eine Krebsart, die insbesondere an Küsten mit Ebbe und Flut gut zu beobachten ist. Sie besiedelt lebende Objekte, wie Strandkrabben und Muscheln oder auch gerne tote Objekte, wie z.B. Steine.

325. Antwort b. ist richtig. Die Atmungsorgane der Krebse sind Kiemen und liegen an den Beinen.

326. Antwort a. ist richtig. Garnelen haben lange Fühler, einen seitlich abfallenden Körper und zehn Füße.

327. Antwort c. ist richtig. Die Würfelqualle hat das stärkste Gift. Sie sieht wie ein würfelförmiger Schirm aus. Das Gift ist so ätzend, dass die Wunden von Menschen oder Tieren wie verbrannt aussehen.

328. Antwort c. ist richtig. Mit seinen kräftigen Scheren kann der Taschenkrebs Beutetiere, wie z.B. Schnecken und Muscheln, aufbrechen und dann verspeisen.

329. Antwort b. ist richtig. Der Einsiedlerkrebs hat kein festes Außenskelett. Seinen weichen Körper schützt er, indem er in Gehäuse anderer Tiere, z.B. Schneckenhäuser, schlüpft und sich damit fortbewegt.

330. Antwort a. ist richtig. Der Palmendieb ist mit einer Körperlänge von bis zu 40 cm das größte an Land lebende Krebstier. Er lebt auf Inseln im westlichen Pazifik und im östlichen Indischen Ozean.

331. Antwort c. ist richtig. Meeresschildkröten sind aufgrund ihres Fleisches, der Eier und ihres Panzers sehr begehrt bei Fischfängern. Sie stehen offiziell unter Artenschutz.

332. Antwort b. ist richtig. Hummer und Garnelen gehören zur Tierklasse der Krebse. Beide Krebsarten werden als Delikatesse gegessen.

333. Antwort b. ist richtig. Die Meeresschildkröte gehört zur Gruppe der Kriechtiere. Wie andere Tiere dieser Gruppe hat sie einen Schwanz, eine Haut mit Hornschuppen und vier Beine. Sie atmen mit Lungen, legen Eier oder gebären lebende Junge.

334. Antwort a. ist richtig. Schnecken, Muscheln, Tintenfische und Kraken bezeichnet man als Weichtiere. Zu diesem Tierstamm zählen ca. 55.000 Arten, wie z.B. der 20 m lange Riesentintenfisch.

335. Antwort a. ist richtig. Die stark gefährdete Suppenschildkröte legt an Land ihre Eier ab, die die Größe von Tischtennisbällen haben. Die Weibchen legen nach der Paarung etwa 100 Eier an einem Sandstrand ab.

336. Antwort b. ist richtig. Die Suppenschildkröte weidet in warmen Meeren und ernährt sich von Algen und Seegräsern. Zum Luftholen taucht sie aus dem Wasser auf.

337. Antwort b. ist richtig. Bei wechselwarmen Tieren passt sich die Körpertemperatur der Temperatur der Umgebung an. Wenn es draußen kalt ist, sinkt die Körpertemperatur, wenn es warm ist, steigt sie.

338. Antwort b. ist richtig. Amphibien, Reptilien und Insekten sind auch wechselwarme Tiere. Eine mehr oder weniger gleich warme Körpertemperatur haben z.B. Vögel und Säugetiere, also auch Menschen.

339. Antwort c. ist richtig. Im Golf von Mexiko lebt das Spitzkrokodil, bevorzugt in Sümpfen. Auffällig ist der aus Platten bestehende Rückenpanzer.

340. Antwort b. ist richtig. Das Spitzkrokodil erreicht Körperlängen von bis zu 7 m, wobei die Männchen deutlich größer werden als die Weibchen.

341. Antwort b. ist richtig. Pinguine leben ausschließlich auf der Südhalbkugel, auf dem Packeis im Südpolarmeer. Sie werden bis zu 1,30 m groß und wiegen etwa 40 kg. Sie können nicht fliegen, aber sehr gut schwimmen und tauchen.

342. Antwort c. ist richtig. Der Kaiserpinguin kann bis 535 m tief tauchen und etwa 20 Minuten unter Wasser bleiben ohne Luft zu holen.

343. Antwort a. ist richtig. Seeigel verfügen über einen erstaunlichen Reparaturmechanismus. Zwischen ihren Stacheln sitzen 100 und 1.000 Füßchen, mit denen sie sich fortbewegen. Wenn sie ein Füßchen verlieren, wandern Reparaturzellen herbei und sorgen dafür, dass innerhalb eines Tages ein neues Füßchen entsteht.

344. Antwort c. ist richtig. Das Perlboot wird auch Nautilus genannt und gehört zur Tiergruppe der Kopffüßer. Nautilus hat mehr Fangarme als irgendein anderer Kopffüßer – es sind etwa 90.

345. Antwort b. ist richtig. Nautilus ernährt sich vor allem von abgestorbenen Tieren, die Aas genannt werden. Tagsüber ruht das Tier am Meeresgrund, nachts steigt es auf und sucht in Korallenriffen nach Nahrung.

346. Antwort a. ist richtig. Die meisten Fischarten im Meer zählen zu den Knochenfischen. Der größte Knochenfisch der Welt ist der Mondfisch. Er wird über 3 m lang und kann ein tödliches Gift produzieren.

347. Antwort c. ist richtig. Knochenfische haben ein Skelett, das ganz oder zumindest teilweise verknöchert, das heißt mit Calcium-Einlagerungen versehen ist.

348. Antwort a. ist richtig. Der Walhai ernährt sich von Plankton. Sein knapp zwei Meter breites Maul öffnet er nur, um Meerwasser zu trinken und daraus seine Nahrung herauszufiltern.

349. Antwort c. ist richtig. Die größte im Meer lebende Fischart ist der Walhai. Er kann bis zu 18 m lang werden. Der Walhai ist weltweit in fast allen warmen, tropischen und subtropischen Gewässern anzutreffen.

350. Antwort b. ist richtig. Die meisten Haiarten bekommen tatsächlich erst mit zehn bis zwölf Jahren ihren Nachwuchs. Beim in der Nordsee heimischen Dornhai dauert es sogar 20–25 Jahre, bis seine Jungen nach einer Tragezeit von fast zwei Jahren zur Welt kommen.

351. Antwort c. ist richtig. In der Nordsee leben Dornhaie und Katzenhaie. Sie sind für die Menschen ungefährlich.

352. Antwort c. ist richtig. Rochen haben einen abgeflachten Körper und flügelähnliche Flossen. Beim Schwimmen bewegen sie die Flossen auf und ab, als würden sie durchs Wasser fliegen.

353. Antwort b. ist richtig. Rochen halten sich meistens am Meeresboden auf. Mit ihrem flachen Körper sind sie gut getarnt, vor allem, wenn sie sich zusätzlich noch im Sand einbuddeln.

354. Antwort c. ist richtig. Stechrochen haben einen langen, peitschenartigen Schwanz, der an seinem Ende scharfe Stacheln hat. Die Stacheln sind mit giftigen Drüsen verbunden und können auch Menschen verletzen.

355. Antwort a. ist richtig. Der Schwertfisch hat eine lange Schnauze, die fast 1/4 bis 1/3 seiner Körperlänge erreicht. Sein Schwert ist für die Fortbewegung im Wasser und zum Erlegen seiner Beute nützlich.

356. Antwort b. ist richtig. Tintenfische gehören zu den Lieblingsspeisen der Schwertfische.

357. Antwort b. ist richtig. Der Mantarochen, auch Teufelsrochen genannt, ist die größte Rochenart der Welt und wird bis zu 7 m lang.

358. Antwort c. ist richtig. Der Mantarochen ernährt sich von Plankton, das er beim Schwimmen aus dem Wasser fängt.

359. Antwort a. ist richtig. Meisterfische gibt es in keinem Gewässer der Welt. Kaiserfische gehören zu den schönsten und farbigsten Fischen der Welt. Sie leben in den tropischen Bereichen aller Weltmeere.

360. Antwort b. ist richtig. Als Schwarmfisch bezeichnet man Fischarten, die in großen Schwärmen leben und im freien Wasser mit ihren Artgenossen durch die Meere ziehen.

361. Antwort a. ist richtig. Die Sardine gehört zur Familie der Heringe und bewegt sich gerne in Schwärmen fort.

362. Antwort c. ist richtig. Sardinen leben im nordöstlichen Atlantik bis zum Senegal, im Mittelmeer und im Schwarzem Meer.

363. Antwort c. ist richtig. Der Atlantische Hering ist ein Schwarmfisch, der sowohl in der Nordsee als auch im westlichen Teil der Ostsee vorkommt.

364. Antwort a. ist richtig. Im Schwarm ist der einzelne Fisch wesentlich besser vor Angriffen von räuberischen Fischarten geschützt.

365. Antwort c. ist richtig. Rollmops nennt man einen in Essig und Salz eingelegten Hering. Die Fischstücke werden bis zu 35 Tage eingelegt und mit einem Stück saurer Gurke und Zwiebel gefüllt.

366. Antwort b. ist richtig. Thunfisch ist eine Sammelbezeichnung für viele verschiedene Fischarten, die zu den Makrelen-Fischen zählen.

367. Antwort a. ist richtig. Die Schwanzflosse der Thunfische ist sichelförmig und eignet sich ideal zum schnellen Schwimmen.

368. Antwort a. ist richtig. Die Lotsenfische halten sich in der unmittelbaren Nähe von Haien auf und fressen deren Nahrungsreste.

369. Antwort b. ist richtig. Der Zitteraal hat auf seinem Körper elektrische Organe, die eigentlich umgebildete Muskeln sind und Strom erzeugen können.

370. Antwort c. ist richtig. Ähnlich wie der Zitteraal kann auch die Muräne Stromschläge bis zu 500 Volt erzeugen. Das ist mehr als doppelt so viel wie die Stromspannung, die bei uns aus der Steckdose kommt.

371. Antwort c. ist richtig. Der Kabeljau war bis etwa 1970 weit verbreitet in der Nordsee. Heute sind seine Bestände durch Überfischung bedroht.

372. Antwort c. ist richtig. Die größte Tiefe, in der jemals ein Fisch beobachtet wurde, liegt bei 10.900 m.

373. Antwort a. ist richtig. In der Tiefsee liegt die Wassertemperatur unter 4 Grad Celsius. Hier herrscht vollständige Dunkelheit und es gibt keine Pflanzen.

374. Antwort c. ist richtig. Sie haben übergroße nach hinten gekrümmte Fangzähne, mit denen sie ihre Beute im Ganzen herunterwürgen können. Die Säbelzahnfische leben in den Tropen und Subtropen in Tiefen von 200 bis 1.000 m.

375. Antwort a. ist richtig. Armflosser sind Knochenfische mit beinähnlichen Brustflossen. Der erste Strahl der Rückenflosse sitzt direkt über dem Maul und leuchtet im Dunkeln.

376. Antwort c. ist richtig. Im Mittelalter unterschied man drei Bevölkerungsgruppen, die auch Stände genannt wurden:

- Geistliche (Bischöfe und andere Kirchenvertreter)
- Adelige
- Bauern und Bürger

377. Antwort b. ist richtig. „Edelleute“, die aufgrund von Geburt, Besitz oder Leistung eine besondere Stellung einnahmen, bildeten den Adelsstand.

378. Antwort b. ist richtig. Die Bauern stellten im Mittelalter den weitaus größten Teil der Bevölkerung und waren von ihren Lehensherren abhängig.

379. Antwort a. ist richtig. Das Wort „Ritter“ kommt von „Reiter“. Als Ritter bezeichnet man einen vornehmen Reiterkrieger, der mit Pferd und Rüstung ausgestattet war und im Heer eines Königs oder Fürsten diente.

380. Antwort c. ist richtig. Als Bürger bezeichnete man im Mittelalter die Bewohner eines Burgortes, einer befestigten Stadt oder eines Marktortes.

381. Antwort c. ist richtig. Der Vasall war ein freier Mann, der sich in den Schutz eines mächtigen Herrn begab und diesem im Kampf zur Seite stand. Dafür bekam er meistens ein Stück Land, von dem er seine Familie und sich ernähren konnte.

382. Antwort a. ist richtig. Unter Lehen war im Mittelalter eine Art Leihgabe zu verstehen. Damit war sowohl Land gemeint als auch die Übertragung bestimmter Ämter oder Rechte an Ritter.

383. Antwort c. ist richtig. Bauern waren im Mittelalter meist Leibeigene des Grundherren ohne eigenes Land.

384. Antwort b. ist richtig. Das Land war Eigentum des Königs. Er verteilte es als Leihgabe an seine Familienangehörigen, an erfolgreiche Krieger, höhere Geistliche und Adelige.

385. Antwort c. ist richtig. Ein Vasall war im frühen Mittelalter ein Gefolgsmann im Dienst eines adeligen Herrn. Er leistete ihm einen Treueeid und war verpflichtet, ihn im Krieg zu unterstützen.

386. Antwort b. ist richtig. In Friedenszeiten leistete der Vasall seinem Herrn Ehrendienste. Er begleitete ihn und bekam als Gegenleistung Schutz und Ländereien.

387. Antwort a. ist richtig. Im 14. Jahrhundert kauften sich viele Vasallen durch Geld von der Verpflichtung gegenüber ihrem Landesherrn frei, Kriegsdienste leisten zu müssen.

388. Antwort b. ist richtig. Leibeigene waren unfreie Menschen mit eingeschränkten Rechten, die von ihrem Grundherrn (auch Leibherr genannt) abhängig waren.

389. Antwort c. ist richtig. Leibeigene durften Privateigentum besitzen, hatten aber kein eigenes Land, das sie bewirtschaften konnten. Die meisten Leibeigenen waren sehr arm.

390. Antwort a. ist richtig. Leibeigene mussten für ihren Herrn arbeiten und ihm Abgaben zahlen. Außerdem waren sie als Unfreie zu Frondiensten, also zusätzlichen Arbeiten, verpflichtet.

391. Antwort c. ist richtig. Als Ritter ausgebildet wurden nur Jungen, meist die Söhne, aber auch die Dienstleute von Adeligen hatten die Möglichkeit, Ritter zu werden.

392. Antwort b. ist richtig. Wenn es einem flüchtigen Bauern gelang, in eine Stadt zu entkommen und dort dauerhaft zu bleiben, entkam er der Rechtsprechung des Grundherren und war nun ein „Freier".

393. Antwort b. ist richtig. Speisen wurden im Mittelalter fast ausschließlich mit Honig gesüßt. Zucker war durch die Kreuzfahrer im 12. Jahrhundert nach Europa gekommen. Es wurde als „weißes Gold" bezeichnet und blieb lange Zeit den Reichen vorbehalten.

394. Antwort a. ist richtig. Das Getränk Kaffee kannte man im Mittelalter in Europa noch nicht. Das erste europäische Kaffeehaus wurde ca. 1545 im türkischen Istanbul eröffnet.

395. Antwort b. ist richtig. Schwäne und Singvögel waren als Braten bei Festessen an Adelshöfen sehr beliebt. Aber auch Reiher, Störche, Adler und Pfauen wurden gegessen.

396. Antwort c. ist richtig. Im späten Mittelalter trugen Männer und Frauen so genannte Schnabelschuhe, die sehr spitz und lang waren. Je länger der Schuh, desto bedeutender war sein Träger.

397. Antwort a. ist richtig. Hildegard von Bingen(1098–1179), die Tochter des Edelfreien Hildebertus von Bermersheim, war eine bedeutende Heilkundige und gilt als die erste deutsche Ärztin. Sie wurde schon zu Lebzeiten als Heilige verehrt.

398. Antwort c. ist richtig. Der Verzehr von Pferdefleisch war kirchlich verboten und führte zur Bestrafung, wenn man beim Essen von Pferdefleisch ertappt wurde.

399. Antwort a. ist richtig. Die Armen im Mittelalter ernährten sich hauptsächlich von Brot und Hirsebrei. Dazu gab es manchmal etwas Gemüse. Fleisch aß man nur sehr selten, weil es zu teuer war.

400. Antwort c. ist richtig. Im Mittelalter tranken Kinder nicht nur Wasser, Milch und Säfte, sondern auch Wein und Bier. Dass Alkohol für Kinder schädlich ist, wusste man damals noch nicht.

401. Antwort a. ist richtig. Ein idealer ritterlicher Mensch ist fair und kann sich gut benehmen. Er kämpft für die gute Sache und setzt sich für Schwächere ein.

402. Antwort b. ist richtig. Kohl, Zwiebel und Knoblauch galten im Mittelalter als Bauernkost.

403. Antwort a. ist richtig. Die Adeligen ernährten sich im Mittelalter vor allem von Brot und Fleisch und tranken viel Alkohol. Aufgrund dieser Fehlernährung war die Gicht beim Adel weit verbreitet.

404. Antwort b. ist richtig. Als „Lohn“ für ihre Dienste erhielten die Ministerialen von ihrem Herrn oft ein Landgut mit dazugehörenden Bauern. Sie konnten nun wie die Adeligen leben.

405. Antwort c. ist richtig. Jeder Ritter war seinem Dienst- oder Lehnsherrn, einem reichen Adeligen oder Geistlichen, zur Treue verpflichtet.

406. Antwort c. ist richtig. Knaben und junge Männer, die zum Ritter erzogen wurden, nannte man Pagen und Knappen.

407. Antwort a. ist richtig. Seit dem 12./13. Jahrhundert waren Ritter angesehene Leute, weil sie mit den Landesfürsten in den Krieg zogen und ihr Land verteidigten.

408. Antwort b. ist richtig. Angehörige niederer Stände konnten nicht Geistliche oder König, aber in Ausnahmefällen Ritter werden. Bauern und ihre Söhne konnten aber nie die Ritter würde erlangen.

409. Antwort c. ist richtig. Unfreie Knechte mit Verwaltungsaufgaben, auch Ministerialen genannt, erhielten von ihrem Herrn für den Kriegsfall Pferd und Rüstung und konnten als Ritter zu hohen Ehren gelangen.

410. Antwort a. ist richtig. Die Ausbildung zum Ritter begann im Alter von sieben Jahren und man musste mehrere Stufen durchlaufen, bis die endgültige Ernennung zum Ritter vollzogen wurde.

411. Antwort a. ist richtig. Die Ritterausbildung fand an einem fremden Adelshof, z.B. auf der Burg eines befreundeten Adeligen, statt.

412. Antwort b. ist richtig. Mit 14 Jahren wurde der Page zum Knappen. Mit 21 Jahren nahm man den Knappen in einer feierlichen Zeremonie in den Ritterstand auf.

413. Antwort b. ist richtig. Dabei wurde der Knappe mit der Handkante auf den Nacken geschlagen. Oder ein Ritter berührte die linke Schulter des vor ihm knienden Knappen mit der Schwertklinge.

414. Antwort a. ist richtig. Im 13. Jahrhundert wurden die Knappen in Frankreich mit Ritterschlag in den Ritterstand aufgenommen.

415. Antwort a. ist richtig. Die Knappen lernten vor allem Kampftechniken und den richtigen Umgang mit Waffen. Aber sie mussten auch Tanzen und gutes Benehmen lernen sowie die sogenannten ritterlichen Tugenden.

416. Antwort b. ist richtig. Die Zeremonie, bei der ein Knappe in den Ritterstand aufgenommen wurde, hieß in Deutschland Schwertleite.

417. Antwort a. ist richtig. Im Zeitalter der Kreuzzüge (ca. 1096–1291) zogen mehr als eine Million Soldaten und Pilger nach Palästina, um das Heilige Land aus den Händen der Muslime zu befreien.

418. Antwort c. ist richtig. Ein Ritter, der in den Ritterstand aufgenommen war, verpflichtete sich zu maßvoller Selbstbehauptung, zu Zucht und Treue und zur Menschenliebe.

419. Antwort b. ist richtig. Die Kreuzritter bekannten sich zu den Tugenden der Mönche (Armut, Keuschheit und Gehorsam) und setzten für ihren Glauben ihr Leben aufs Spiel.

420. Antwort a. ist richtig. Neben den Rittern und den berittenen Söldnern kämpften in mittelalterlichen Schlachten Bauern als einfache Fußsoldaten und Bogenschützen.

421. Antwort a. ist richtig. Verarmte Ritter, die reisende Kaufleute und Privatpersonen überfielen, um sie auszurauben, nennt man Raubritter. Der Begriff ist aber nicht zeitgenössisch, sondern kann erst im 19. Jahrhundert auf.

422. Antwort c. ist richtig. Zur Zeit der Kreuzzüge entstanden viele verschiedenfarbige Wappen zur Unterscheidung der gegeneinander kämpfenden Ritterheere. Söldner trugen aber keine Wappen.

423. Antwort a. ist richtig. Durch Hungersnöte und Seuchen starben viele Leibeigene. Weil den Rittern nun Arbeitskräfte fehlten, gingen ihre Einnahmen stark zurück. Aber auch durch Erbteilung und andere Faktoren verringerte sich ihre wirtschaftliche Grundlage.

424. Antwort b. ist richtig. Den Kopf des Ritters bedeckte seit dem 13. Jahrhundert ein geschlossener Helm mit Sehschlitzen. Der Schild des Ritters diente als Schutz vor Pfeilen und tödlichen Stoßwaffen und zum Austeilen von Hieben.

425. Antwort a. ist richtig. Im heutigen Sprachgebrauch kämpft man mit „offenem Visier", wenn man sich mit eindeutigen Mitteln für eine Sache einsetzt und sich dazu offen bekennt.

426. Antwort c. ist richtig. Die Ritterrüstung wurde von einem Waffenschmied aus Eisen oder Stahl hergestellt.

427. Antwort b. ist richtig. Ein Kettenhemd ist eine Rüstung, die aus zahlreichen ineinander vernieteten oder verflochtenen kleinen Metallringen besteht. Es hing als schweres Hemd am Oberkörper des Ritters.

428. Antwort a. ist richtig. Das Kettenhemd schützte den Ritter vor fast allen Waffen seines Gegners. Manche Stiche von der Schwert- oder Lanzenspitze und spitze Pfeile konnte es aber nicht abhalten.

429. Antwort c. ist richtig. Im 14. Jahrhundert ersetzte die Plattenrüstung das Kettenhemd. Sie bestand aus Eisenplatten, die fast den gesamten Körper des Ritters bedeckten.

430. Antwort b. ist richtig. Eine Plattenrüstung wog etwa 32 kg. Zusammen mit seinem Körpergewicht musste der Ritter ein ganz schönes Gewicht mit sich rumtragen.

431. Antwort c. ist richtig. Mit ihren schweren Rüstungen konnten die Ritter im späten Mittelalter oft nicht allein aufs Pferd steigen, sondern benötigten gelegentlich Hilfe.

432. Antwort b. ist richtig. Unter der Rüstung trugen die Ritter lange Beinlinge, ein Unterhemd und Stiefel. Oft war die Kleidung wattiert, um ein Wundreiben der Haut zu verhindern.

433. Antwort c. ist richtig. Die schwere Rüstung wurde bei Turnieren und Übungen sowie im Kriegsfall angelegt.

434. Antwort a. ist richtig. Die Hersteller von Plattenpanzern wurden in Deutschland Plattner genannt. Die Plattner schmiedeten die Stahlplatten nicht selbst, sondern kauften sie von Großschmieden.

435. Antwort b. ist richtig. Purpurrote Gewänder trug nur der Hochadel (Könige, Fürsten, Herzöge), da der zum Färben notwendige Farbstoff, gewonnen aus der Purpurschnecke, sehr teuer war.

436. Antwort a. ist richtig. Nach Erfindung der Plattenrüstung war der Schild weitgehend überflüssig geworden.

437. Antwort b. ist richtig. Auch mit der Plattenrüstung waren nicht alle Körperteile des Ritters geschützt. Seine Gegner zielten vor allem auf die ungeschützten Achselhöhlen, den Hals und den Bereich zwischen den Beinen (Schritt).

438. Antwort c. ist richtig. Ein Wappen ist ein eindeutiges Zeichen für eine Familie (Familienwappen), eine Handwerkerzunft (Zunftwappen), eine Stadt (Stadtwappen) oder ein Land (Landeswappen).

439. Antwort a. ist richtig. Wappen enthielten nur Bilder und keine Buchstaben. Sie wurden also auch von Menschen erkannt, die nicht lesen konnten.

440. Antwort b. ist richtig. Das Wappen einer Familie durften nur Nachfahren eines berechtigten Trägers dieses Wappens verwenden, die in direkter, männlicher Linie von diesem abstammten.

441. Antwort c. ist richtig. Das Wappen bewies, dass der Ritter einer adeligen Familie angehörte. Außerdem konnte er in der Schlacht nicht so leicht mit einem Gegner verwechselt werden.

442. Antwort b. ist richtig. Zuständig für Wappen war der Herold. Er entwarf und gestaltete sie oft (z. B. nach einer Heirat) neu. Wappenkunde nennt man deshalb auch Heraldik.

443. Antwort a. ist richtig. Eine der Aufgaben des Herolds war es, dem Ritter wichtige Botschaften von Verwandten oder Landesfürsten zu überbringen.

444. Antwort c. ist richtig. Der Streithammer war eine im Mittelalter verwendete Waffe, mit der man einen Gegner trotz Rüstung verwunden konnte.

445. Antwort b. ist richtig. Das Schwert eines Ritters war in der Regel 1,3–1,8 kg schwer und sehr scharf geschliffen.

446. Antwort a. ist richtig. Eine Lanze ist eine Stangenwaffe. Sie besteht aus einer Holzstange, die an der Spitze eine scharfe Eisenspitze trägt.

447. Antwort a. ist richtig. Lanze und Schwert waren die klassischen Waffen eines Ritters. Er hatte auch noch andere Waffen wie den Wurfspeer oder den Bogen. Diese wurden jedoch meist nur zur Jagd benutzt.

448. Antwort c. ist richtig. Der „Morgenstern" war eine kugelförmige Waffe. Sie bestand aus einer mit Zacken versehenen Kugel, die mit einer Kette an einem Griff verbunden war. Mit dieser Waffe konnten Gegner schwer verletzt werden.

449. Antwort b. ist richtig. Die Stechpuppe war ein Übungsgerät für Knappen.

450. Antwort b. ist richtig. Die Holzstange einer Lanze war zwischen zwei und dreieinhalb Meter lang. Spezielle Lanzen konnten auch bis acht Meter lang sein.

451. Antwort a. ist richtig. Die gebräuchlichste Stangenwaffe der Fußsoldaten war die Pike. Sie war sechs Meter lang. Mit ihr konnte man einen Ritter vom Boden aus in Schach halten.

452. Antwort c. ist richtig. Der Streitkolben ist eine mittelalterliche Hiebwaffe, die einer antiken Keule ähnelt. Im Mittelalter wurde der Streitkolben als Waffe der Reiterei benutzt, war aber nicht sehr beliebt bei Rittern.

453. Antwort a. ist richtig. Die Hellebarde ist eine Stangenwaffe des Fußvolks, die vor allem im 14. bis 16. Jahrhundert eingesetzt wurde.

454. Antwort b. ist richtig. Eine Armbrust ist eine spätmittelalterliche Waffe, die dem Bogen ähnelt und mit der man Pfeile oder Bolzen verschießen konnte.

455. Antwort c. ist richtig. Bolzen sind Geschosse aus Metall, die einem Pfeil ähnlich sind, aber nicht mit dem Bogen, sondern mit der Armbrust abgefeuert wurden.

456. Antwort c. ist richtig. Wenn man „für jemanden eine Lanze bricht", setzt man sich für ihn ein und verteidigt ihn.

457. Antwort a. ist richtig. Wenn man sagt, etwas sei „hieb- und stichfest", meint man eine sichere Sache, die nicht schief gehen kann

458. Antwort b. ist richtig. Ungefähr 20–25 Bewaffnete, gelegentlich auch mehr, verteidigten eine Burg bei Angriffen.

459. Antwort c. ist richtig. Mit einer Armbrust und einem Bolzen konnte ein geschickter Schütze bis zu 350 m weit schießen.

460. Antwort b. ist richtig. Franziska ist nicht nur ein Mädchenname, sondern eine Sonderform der Wurfaxt, die im frühen Mittelalter (5.–8. Jahrhundert) bei den Franken verwendet wurde.

461. Antwort a. ist richtig. Schwerter, Lanzen, Messer und Äxte schliff man mit einem Schleifstein. Er bestand aus einem Rad aus hartem Gestein (z. B. Granit), das mit einem Tretpedal angetrieben wurde.

462. Antwort b. ist richtig. Im Mittelalter wurden Friesen mit ihrem kräftigen Körperbau bevorzugt als Streitrösser im Kampf eingesetzt.

463. Antwort c. ist richtig. Ritter benutzten ihre Waffen am häufigsten auf Turnieren, aber natürlich auch im Kriegsfall und zur Verteidigung.

464. Antwort a. ist richtig. Die ersten Ritterturniere wurden im 11. Jahrhundert erstmals in Frankreich abgehalten. Bald wurden sie in vielen europäischen Adelshöfen nachgeahmt.

465. Antwort c. ist richtig. Ein Ritterturnier wurde auf einem offenen, von Schranken begrenzten Platz auf den Ländereien des Burgherrn, aber auch bei Städten, abgehalten.

466. Antwort b. ist richtig. Das erste deutsche Ritterturnier ist im Jahre 1127 in der Stadt Würzburg nachgewiesen.

467. Antwort a. ist richtig. Nur Ritter, die eine bestimmte Anzahl vornehmer Ahnen aufweisen konnten, durften an einem Turnier teilnehmen.

468. Antwort a. ist richtig. Auf großen Burgen wurde ein Brunnen tief in die Erde gegraben oder eine Zisterne zum Sammeln von Regenwasser angelegt. Das war ein großer Luxus für die Burgbewohner, da sie immer frisches Wasser hatten.

469. Antwort c. ist richtig. Die Burg diente im Krieg als Zufluchtsort für den Burgherrn, sein Gefolge und seine Bauern.

470. Antwort b. ist richtig. Die längste Burganlage Europas, die Burghauser Burg, ist 1.000 m lang.

471. Antwort c. ist richtig. Der Herold, der im Wappenwesen erfahren war, überprüfte die Abstammung der Ritter und entschied darüber, ob sie am Turnier teilnehmen durften.

472. Antwort a. ist richtig. Ein Ritterturnier war ein ritterliches Kampfspiel. Wie ein Freilufttheater fand es vor vielen Zuschauern statt, die die Ritter anfeuerten und ihnen Beifall klatschten.

473. Antwort c. ist richtig. Um den Kampfplatz herum waren Tribünen aufgebaut, die mit Bannern und Wappen geschmückt waren. Hier saßen als Zuschauer der Burgherr mit seiner Familie und seinem Gefolge, adlige Gäste und deren Gefolgsleute.

474. Antwort b. ist richtig. Bei einem Turnier wurden Einzelgefechte (Schwertkampf, Bogenschießen, Lanzenstechen) und Massengefechte mit stumpfen Waffen durchgeführt.

475. Antwort a. ist richtig. Der Verlierer in einem Turnier musste sein Pferd und seine Rüstung sowie ein gewisses Lösegeld an den Sieger abgeben. Ein Turnier konnte also eine gute Einnahmequelle für den siegenden Ritter sein.

476. Antwort b. ist richtig. Turniere waren ursprünglich Kampfspiele von Rittern, dienten aber später vor allem als Schau zur Unterhaltung des Volkes.

477. Antwort c. ist richtig. Bei einem Ritterturnier bezeichnete man den Zweikampf zu Pferde mit Lanze als Tjost. Dabei musste der Ritter in voller Rüstung seinen Gegner mit der Lanze aus dem Sattel werfen.

478. Antwort b. ist richtig. Der Sieger eines Tjosts erhielt vom Verlierer dessen gesamte Ausrüstung, also Waffen, Rüstung und Pferd.

479. Antwort a. ist richtig. Beim Buhurt rannten die Ritter meist ohne Schwert Mann gegen Mann geradlinig gegeneinander an.

480. Antwort c. ist richtig. Beim Buhurt wurden meistens stumpfe Lanzen oder Schlagwaffen gegen den Gegner eingesetzt.

481. Antwort a. ist richtig. Die Mönche segneten die Ritter vor dem Turnier und beteten um Gottes Beistand für die kämpfenden Ritter.

482. Antwort a. ist richtig. Beim Turnier bestand das Ziel darin, den Gegner gefangen zu nehmen, und nicht, ihn zu töten. Trotzdem verloren viele Ritter bei Turnieren ihr Leben, denn auch Schläge mit stumpfen Schwertern und Lanzen konnten tödlich sein.

483. Antwort b. ist richtig. In prächtigen Hofburgen lebte nur der Hochadel, das heißt die regierenden Könige, Herzöge, Fürsten und Grafen.

484. Antwort a. ist richtig. Die frühesten Burgen aus dem 10./11. Jahrhundert hatten nur einen Turm und hießen deswegen Turmburgen.

485. Antwort a. ist richtig. Eine Burg ist der Wohnsitz eines Adeligen im Mittelalter, der Schutz vor Angriffen bot und oft auf Hügeln oder Bergen errichtet wurde. Von der Turmspitze aus konnte man sämtliche Ländereien des Burgherrn überwachen.

486. Antwort c. ist richtig. Der Bau einer größeren Steinburg dauerte mehrere Jahre. Das Baumaterial musste man über Seilzüge bzw. hölzerne Kräne nach oben schaffen. Befestigungen aus Erde konnten schneller errichtet werden.

487. Antwort a. ist richtig. Als Motte bezeichnet man eine frühe Burgform. Der turmartige Holzbau wurde auf einem Erdhügel errichtet und war von einem Zaun aus Pfählen umgeben.

488. Antwort b. ist richtig. Ritter, die sich keine Burg leisten konnten, wohnten in Ritterhäusern auf dem Land.

489. Antwort b. ist richtig. Schießscharten sind schmale Schlitze in der Außenmauer der Burg, die sich nach innen verbreitern, damit ein Bogenschütze darin Platz hatte.

490. Antwort a. ist richtig. Eine Wasserburg ist eine Burg, die inmitten eines künstlich angelegten Wassergrabens liegt. Im Münsterland und am Niederrhein gibt es heute noch sehr viele gut erhaltene Wasserburgen.

491. Antwort c. ist richtig. Viele Burgen hatten noch keine Glasfenster und die Böden aus Lehm oder Ziegelstein waren sehr kalt. Fensterglas war nämlich sehr teuer, nur die Reichen konnten es sich leisten.

492. Antwort a. ist richtig. Kemenaten nannte man die herrschaftlichen Wohngemächer auf einer Burg, die beheizbar waren. Oft gab es aber nur einen einzigen beheizbaren Raum.

493. Antwort b. ist richtig. Das Recht zum Burgenbau war ein Vorrecht des Königs, der es jedoch an seine Getreuen weiterverleihen konnte. Mit dem Bau einer Burg wollten die Adeligen ihre Macht zeigen.

494. Antwort c. ist richtig. Im Mittelalter gab es Toiletten in Form von Nischen und Erkern an der Außenmauer (Abtritterker). Hier befand sich eine Steinplatte mit einem runden Loch, auf die man sich setzte.

495. Antwort b. ist richtig. Als „Pechnase" bezeichnet man einen kleinen, nach unten offenen Vorbau (Erker) an mittelalterlichen Burgen und Mauern. Im 19. Jahrhundert glaubte man nämlich fälschlicherweise, dass von dort aus heißes Pech auf Angreifer gegossen wurde.

496. Antwort c. ist richtig. In Friedenszeiten lebten auf einer normalen Burg etwa drei bis fünf Ritter und ein paar bewaffnete Soldaten mit im Haushalt des Burgherrn. Bei Gefahr musste der Burgherr weitere Ritter und Soldaten anheuern.

497. Antwort a. ist richtig. Schach und Backgammon waren schon im Mittelalter bekannt. Schach, das man schon im 11. Jahrhundert spielte, gehörte seit dem Beginn des 13. Jahrhunderts zu den sieben Tugenden, die Ritter beherrschen mussten.

498. Antwort a. ist richtig. Mit Eiweiß und Brenneisen lockte oder kräuselte man sich die Haare. In dünnes Haar flocht man Seiden- oder Goldfäden ein. Für glatzköpfige Herren wurden Perücken hergestellt.

499. Antwort c. ist richtig. Zähneputzen war im Mittelalter nicht üblich. Doch nach Abschluss des Mahls kaute man Gewürze wie Kardamom oder Süßholz.

500. Antwort c. ist richtig. Sich vor dem Essen die Hände zu waschen, war selbstverständlich. Diener oder Pagen gossen dabei den Edelleuten und ihren Gästen parfümiertes Wasser über die Hände.

501. Antwort a. ist richtig. Friesen sind eine alte Kaltblutrasse, die im Mittelalter bei den Rittern als Schlachtross sehr beliebt waren. Im heutigen Erscheinungsbild gibt es sie seit etwa 1750. Alle Friesen sind Rappen, haben also ein schwarzes Fell.

502. Antwort c. ist richtig. Die Mustangs sind die Nachkommen verwilderter Pferde, die die Spanier vor 500 Jahren mit nach Amerika brachten. Sie leben noch heute in kleinen Herden im Süden der USA.

503. Antwort a. ist richtig. Der Hunter wird vor allem als Pferd für die Jagd gezüchtet. Er kann ausdauernd galoppieren und gut springen.

504. Antwort b. ist richtig. Der Berber wird schon seit Jahrtausenden in Nordafrika gezüchtet. Seinen Namen verdankt das Pferd dem Volk der Berber.

505. Antwort b. ist richtig. Das Quarter Horse ist eine amerikanische Pferderasse. Es wird gerne von Westernreitern geritten, weil es sich mit seinem „cow sense" (Gespür für Rinder) gut für die Rinderarbeit eignet.

506. Antwort c. ist richtig. Die Don-Pferde verdanken ihren Namen dem Don, einem Fluss in Russland, der ins schwarze Meer mündet. Schon vor 200 Jahren wurden die Don-Pferde von den Kosaken gezüchtet, die sie als Kavalleriepferde einsetzten.

507. Antwort a. ist richtig. Die Lipizzaner werden für die Spanische Hofreitschule in Wien gezüchtet. Es sind hauptsächlich Schimmel, können aber gelegentlich auch Braune und Rappen sein.

508. Antwort c. ist richtig. Da verwilderte Hauspferde keine echten Wildpferde sind, aber dennoch in Freiheit leben, werden sie Wildlinge genannt. In den USA sind die Mustangs bekannt, während die australischen Wildlinge Brumbys heißen.

509. Antwort b. ist richtig. Brauner ist die typische Fellfarbe für diese norddeutsche Rasse. Seit dem 17. Jahrhundert ist der Oldenburger eine eigenständige Rasse.

510. Antwort a. ist richtig. Die letzte Wildpferdeart verdankt ihren Namen dem russischen General Nikolai M. Przewalski. Er hat Ende des 19. Jahrhunderts die letzte Herde in Zentralasien aufgespürt.

511. Antwort c. ist richtig. Falabellas sind sehr kleine Shetlandponys, die kaum größer werden als 70 cm. Gezüchtet werden sie in Argentinien. Manchmal kann man sie bei uns im Zirkus bewundern.

512. Antwort a. ist richtig. Pintos sind keine Rasse, sondern ein sehr beliebter Farbtyp. „Pinto“ stammt aus dem Spanischen und bedeutet „angemalt“. Vor allem bei Westernreitern sind die auffällig gescheckten Pintos sehr beliebt.

513. Antwort a. ist richtig. Die Island-Ponys stammen von den Pferden ab, die die Wikinger vor rund 1.000 Jahren auf die Insel gebracht haben. Seitdem leben sie dort ohne Einfluss anderer Rassen.

514. Antwort c. ist richtig. Der Noriker wird auch Pinzgauer genannt und ist ein Kaltblutpferd. Er verdankt seinen Namen dem keltischen Königreich Noricum, das vor mehr als 2.500 Jahren in den Alpen lag.

515. Antwort b. ist richtig. Der Haflinger wurde bevorzugt als Zug- und Packpferd eingesetzt. Heute sind Haflinger vor allem Reitpferde.

516. Antwort a. ist richtig. Holsteiner sind Warmblutpferde, die von privaten Gestüten gezüchtet werden. Das Zuchtgebiet ist vor allem das Bundesland Schleswig-Holstein, aus diesem Grund finden die Auktionen in Neumünster statt.

517. Antwort b. ist richtig. Hannoveraner sind die bekanntesten Warmblutpferde Deutschlands. Sie werden vor allem im Landgestüt Celle gezüchtet.

518. Antwort c. ist richtig. Der Name Cob kommt nur bei englischen und irischen Rassen vor und ist ein sehr beliebter Pferdetyp. Cob ist ein altes englisches Wort für untersetzte, kräftige Pferde, die aus verschiedenen Rassen gezüchtet werden.

519. Antwort a. ist richtig. Appaloosa sind typische tigergescheckte Indianerpferde, die in den USA gerne von Cowboys für die Arbeit mit Rindern eingesetzt werden.

520. Antwort a. ist richtig. Fjord-Pferde wurden schon von den Wikingern gezüchtet. Sie haben viel mit Wildpferden gemein, unter anderem die Stehmähne, die Falbfarbe des Fells und den Aalstrich auf dem Rücken.

521. Antwort c. ist richtig. Beim Welsh-Pony gibt es vier Sektionen. Der Hauptunterschied zwischen den Sektionen ist die Größe der Ponys. A ist das kleinste Pony mit einem Stockmaß bis 1,22 m, während D mit über 1,50 m das größte Pony ist.

522. Antwort a. ist richtig. Schon Julius Cäsar kannte diese Kaltblutrasse und hat sie in seinen Büchern geschrieben. Heute wird der Belgier vor allem in den USA gezüchtet.

523. Antwort b. ist richtig. Das Selle Français stammt aus der Normandie und ist ein ausgezeichnetes Sportpferd. Doch auch Freizeitreiter schätzen das französische Warmblutpferd.

524. Antwort b. ist richtig. Ardenner werden in verschiedenen Farben gezüchtet, jedoch niemals als Rappe, weil diese Farbe vom Zuchtverband nicht zugelassen ist.

525. Antwort c. ist richtig. Der Ardenner gilt als eine der ältesten Rassen der Welt und war schon Julius Cäsar bekannt. Sogar Napoleon setzte die Kaltblutrasse in seiner Armee ein.

526. Antwort a. ist richtig. Die bekannte Ponyrasse Haflinger ist nach dem Dorf Hafling benannt, das in Südtirol liegt. Dort wurden die Ponys seit dem 19. Jahrhundert gezüchtet.

527. Antwort c. ist richtig. Pintos sind in den USA ein sehr beliebter Farbtyp, gelten aber nicht als Rasse. „Pinto“ kommt aus dem Spanischen und heißt „angemalt“. Diese Pferde sind bei Westernreitern sehr beliebt.

528. Antwort b. ist richtig. Araber sind Wüstenpferde, die sich seit mehr als 4.000 Jahren an das Leben in der arabischen Wüste angepasst haben. Sie sind sehr ausdauernd und widerstandsfähig. Daher werden sie weltweit in der Zucht eingesetzt.

529. Antwort a. ist richtig. Ein besonderes Kennzeichen des Exmoor-Ponys, das zu den neun einheimischen Ponyrassen Großbritanniens und Irlands gehört, ist sein grau gefärbtes Maul, das auch Mehlmaul genannt wird.

530. Antwort c. ist richtig. Mauke tritt häufig im Winter auf, wenn der Auslauf oder der Stall zu nass sind. Dann können Bakterien und Pilze in kleinste Wunden eindringen und zu einer Entzündung führen.

531. Antwort b. ist richtig. Mit der weichen Bürste Kardätsche wird der Schmutz aus dem Fell des Pferdes entfernt. Wenn die Kardätsche am Kopf des Pferdes eingesetzt wird, muss man dabei sehr vorsichtig sein, weil das eine sehr empfindliche Stelle ist.

532. Antwort b. ist richtig. Ein Pferd hat normalerweise eine Körpertemperatur von 37,5 °C bis 38,2 °C. Bis 38,9 °C spricht man von erhöhter Temperatur, ab 39 °C von Fieber.

533. Antwort a. ist richtig. Den Panikknoten sollte jeder Reiter beherrschen. Denn im Notfall – falls das Pferd durch das Angebundensein in Panik gerät, zurückzieht und sich dadurch verletzten könnte – kann der Knoten mit einer einfachen Bewegung gelöst und der Gefahr ausgewichen werden.

534. Antwort c. ist richtig. Von der Hufrehe, einer Entzündung der Huflederhaut, sind meistens beide Vorderhufe, oft auch alle vier Hufe betroffen. Das Pferd nimmt dann die sogenannte Bockstellung ein, um die Schmerzen zu lindern.

535. Antwort b. ist richtig. Auf dem Equidenpass werden sämtliche Daten des Pferdes, wie Fellfarbe, Abzeichen (z. B. eine Blesse) und Brandzeichen eingetragen.

536. Antwort c. ist richtig. Die Eibe wächst in Parks und an Waldrändern. Schon wenige Gramm reichen aus, um ein Pferd tödlich zu vergiften.

537. Antwort a. ist richtig. Das Brandzeichen ist häufig ein Symbol des Gestüts oder des Zuchtgebiets. Heute erhalten manche Pferde aber auch eine Art Chip als Kennzeichen ihrer Herkunft.

538. Antwort b. ist richtig. Im Alter von 3 bis 4 Jahren werden Pferde erstmals geritten. Nur Rennpferde werden bereits im Alter von 1 bis 2 Jahren eingeritten und trainiert. Isländer sind „Spätzünder“, weil sie erst mit 5–6 Jahren eingeritten werden.

539. Antwort b. ist richtig. Da die Augen und Nüstern eines Pferdes besonders empfindlich sind, müssen sie sehr vorsichtig mit einem weichen Schwamm gereinigt werden.

540. Antwort a. ist richtig. Der Schmutz wird am besten in Fellrichtung aus dem Fell entfernt. Außerdem ist es so für das Pferd am angenehmsten.

541. Antwort a. ist richtig. Stacheldraht kann zu schweren Verletzungen führen. Ist er auch noch alt und rostig, können Entzündungen und Infektionen die Folge sein.

542. Antwort a. ist richtig. Es kommt nicht selten vor, dass Pferde bis zu 16 Stunden auf Futtersuche sind. Sie mögen Bewegung und bleiben ungern im Stall.

543. Antwort a. ist richtig. Wie wir Menschen, so schwitzen auch Pferde, wenn sie Angst haben.

544. Antwort c. ist richtig. Den Geruch ihres Fohlens nehmen die Stuten gleich nach der Geburt auf und merken sich ihn. So können sie ihr Fohlen immer von anderen unterscheiden.

545. Antwort b. ist richtig. Das Fell eines gesunden und gut gepflegten Pferdes glänzt. Ist ein Pferd krank oder wird es nicht ausreichend mit Nährstoffen versorgt, wird das Fell schnell matt und stumpf.

546. Antwort b. ist richtig. Ausschlagen. Pferde schlagen nur aus, wenn sie sich bedroht fühlen und nicht fliehen können. Außerdem kommt das Ausschlagen auch vor, wenn die Rangordnung bei Pferden nicht eingehalten wird, z.B. beim Fressen.

547. Antwort b. ist richtig. Pferde liegen beim Schlafen auf der Seite. Sie schlafen aber nur, wenn sie sich absolut sicher fühlen. Doch auch dann ruhen sie nicht länger als etwa eine Stunde.

548. Antwort a. ist richtig. Ein Parcours ist eine Reitbahn, auf der Hindernisse aufgebaut sind. Bei einem Turnier müssen diese Hindernisse in einer festgelegten Reihenfolge fehlerfrei überwunden werden.

549. Antwort b. ist richtig. Das Plastron hat Ähnlichkeit mit einem Schal, wird aber ähnlich wie eine Krawatte geknotet und anschließend mit einer besonderen Nadel befestigt.

550. Antwort a. ist richtig. Der Westernsattel hat einen besonders großen Sattelknauf – man nennt ihn auch Horn. Daran wird das Lasso befestigt. Nur so kann der Cowboy ein eingefangenes Rind auch tatsächlich festhalten.

551. Antwort b. ist richtig. Die Longe ist zwischen sieben und zehn Meter lang. Sie wird nicht nur beim Voltigieren eingesetzt, sondern auch bei der Grundausbildung eines Pferdes.

552. Antwort c. ist richtig. Der Jockey ist eine Art Rennreiter und muss erst einmal 50 Siege in seiner Klasse erringen, bevor er sich Jockey nennen darf. Außerdem muss er ausgebildeter Pferdewirt sein.

553. Antwort b. ist richtig. Oxer und Wassergraben zählen zu den Hindernissen, aus denen unter anderem der Parcours beim Springreiten besteht.

554. Antwort c. ist richtig. Der Sulky wiegt nur rund 15 kg und wurde im 19. Jahrhundert erfunden. Er zeichnet sich dadurch aus, dass er nur zwei Räder hat.

555. Antwort a. ist richtig. Den Tempowechsel innerhalb einer Gangart – Wechsel zwischen den verschiedenen Größen der Schritte, Tritte und Sprünge – muss ein Dressurpferd beherrschen. Beim Trab unterscheidet man z. B. zwischen Arbeitstrab, Mitteltrab, versammeltem Trab und starkem Trab.

556. Antwort c. ist richtig. Beim Rückwärtsrichten darf das Pferd nicht aus der Spur geraten. Es soll möglichst gerade zurückgehen.

557. Antwort a. ist richtig. Eine Vielseitigkeitsprüfung besteht aus drei Teilen: der Dressurprüfung, dem Springen und dem Geländeritt. Alle Prüfungen müssen mit demselben Pferd geritten werden.

558. Antwort b. ist richtig. Unter dem Namen Military war das Vielseitigkeitsreiten lange Zeit auch in Deutschland bekannt.

559. Antwort a. ist richtig. Das Wort Equipe stammt aus dem Französischen und hieß ursprünglich „Schiffsausrüster“. Heute ist es die Bezeichnung für eine Reitermannschaft.

560. Antwort c. ist richtig. Das Dressurviereck hat bei nationalen Turnieren eine Größe von 20 x 40 m. Bei internationalen Turnieren ist es 20 x 60 m groß.

561. Antwort c. ist richtig. Rennreiter erreichen fast 70 km/h und tragen eine Schutzbrille. Denn ihnen weht nicht nur der Wind ins Gesicht, sondern meist auch noch Dreck, der von anderen Pferden aufgewirbelt wird.

562. Antwort a. ist richtig. Der Aufgalopp dient dazu, die Pferde warm zu laufen und dem Publikum zu zeigen, in welcher Form die Pferde sind.

563. Antwort b. ist richtig. Im Galoppreiten dient die Gerte dazu, die Pferde anzutreiben. Vor allem im Zieleinlauf, also auf den letzten Metern, wird die Gerte oft intensiv eingesetzt.

564. Antwort b. ist richtig. Diese Bandagen schützen die Beine vor möglichen Verletzungen. Denn nicht immer kann der Reiter verhindern, dass das Pferd ein Hindernis berührt.

565. Antwort a. ist richtig. Reining ist eine schwere Dressurprüfung. Die meisten Lektionen werden im Galopp geritten und sollen zeigen, wie gut Reiter und Pferd zusammenarbeiten.

566. Antwort c. ist richtig. Das englische Wort Derby ist seit dem 18. Jahrhundert bekannt. Es geht zurück auf den Earl of Derby, einen Herzog, der im Jahr 1780 die ersten Pferderennen veranstaltete.

567. Antwort b. ist richtig. Rope heißt einfach nur „Seil“. Bei Westernprüfungen muss ein Reiter zeigen, dass er damit umgehen und z.B. Rinder einfangen kann.

568. Antwort c. ist richtig. Beim italienischen Vorwärtssitz sind die Steigbügelriemen verkürzt. Der Oberkörper wird leicht nach vorne gebeugt und das Gesäß angehoben, um den Pferderücken zu entlasten.

569. Antwort a. ist richtig. Beim Voltigieren. So gewinnen die Voltigierer Sicherheit und beherrschen die Übungen, bevor sie auf dem Rücken eines echten Pferdes gezeigt werden.

570. Antwort c. ist richtig. Beim Polo treten zwei Mannschaften mit jeweils vier Spielern gegeneinander an. Das Spiel stammt wahrscheinlich aus Persien, wo es schon vor mehr als 2.000 Jahren ausgetragen wurde.

571. Antwort a. ist richtig. Die Triplebarre ist neben der Mauer das höchste Hindernis, das während eines Turniers überwunden werden muss.

572. Antwort b. ist richtig. Das erste Rodeo wurde 1888 in Amerika im Staat Arizona ausgetragen. Heute werden pro Jahr rund 700 Rodeos abgehalten.

573. Antwort a. ist richtig. Beim Flehmen strecken die Pferde den Hals und ziehen die Oberlippe hoch. So können sie Duftstoffe, die sich in der Luft befinden, besonders gut wahrnehmen.

574. Antwort b. ist richtig. Es wird Langhaar genannt, da das Schweif- und Mähnenhaar das längste Haar der Pferde ist.

575. Antwort c. ist richtig. Pferde können nicht durch ihr Maul atmen, sondern nur durch die Nüstern. Daher blähen sie die Nüstern bei großer Anstrengung auf, um mehr Luft zu bekommen.

576. Antwort b. ist richtig. Die Lade ist eine Stelle im Gebiss des Pferdes, wo keine Zähne sind. Die Lade liegt zwischen den Schneide- und Mahlzähnen.

577. Antwort a. ist richtig. Hengste steigen vor allem beim Hengstkampf. Sie wollen so den Gegner zunächst beeindrucken, können später aber mit den Hufen ernsthaft den Gegner angreifen.

578. Antwort c. ist richtig. Die Kruppe ist eigentlich bereits ein Teil der Hinterhand. Bei kräftigen Pferden, etwa bei Kaltblütern, ist die Kruppe muskulös und in zwei Hinterbacken gespalten.

579. Antwort b. ist richtig. Leider erreichen nur wenige Pferde in Deutschland das Höchstalter von 40 Jahren. Die Gründe hierfür liegen z.B. im Bewegungsmangel, in der falschen Ernährung und mangelhaften Haltung.

580. Antwort c. ist richtig. Rappen mit glänzendem schwarzem Fell nennt man Glanzrappen, während Rappen mit eher stumpfem Fell Kohlrappen genannt werden.

581. Antwort b. ist richtig. Zu den Eigenschaften des Fundaments zählen auch die Tragfähigkeit und das Gewicht des Knochenbaus eines Pferdes.

582. Antwort c. ist richtig. Nur Wildpferde und ihre Abkömmlinge weisen einen Aalstrich auf. Dazu gehören einige Ponyarten, wie z.B. das Fjordpferd.

583. Antwort a. ist richtig. Die Schweifrübe befindet sich am hinteren Ende der Kruppe. An dieser Stelle wurzeln die Schweifhaare eines Pferdes.

584. Antwort c. ist richtig. Das Interieur eines Pferdes spielt für Züchter und Reiter eine große Rolle und ist somit ein wichtiges Qualitätsmerkmal eines Pferdes.

585. Antwort c. ist richtig. Vor allem bei Kaltblutpferden ist der Fessel- oder Kötenbehang sehr stark. Die Haare dienen von Natur aus dem Schutz der Fessel und der Fesselbeuge.

586. Antwort b. ist richtig. Die Ursache für das Weben ist Bewegungsmangel. Wenn ein Pferd also verstärkt webt, dann sollte der Pferdehalter sein Pferd mehr bewegen.

587. Antwort c. ist richtig. Die größten und schwersten der 250 Knochen sind die Oberschenkel, die Beckenknochen und die Schulterblätter eines Pferdes.

588. Antwort c. ist richtig. Die bekanntesten Blessen sind die Blume, die Schnippe oder die Flocke.

589. Antwort b. ist richtig. Mit diesen Tasthaaren können die Pferde die Oberflächenbeschaffenheit von Gegenständen fühlen. Sie sind daher von großer Bedeutung für ihre Wahrnehmung.

590. Antwort a. ist richtig. Bemerkt man zurückgelegte Ohren bei einem Pferd, sollte man sich nur sehr vorsichtig dem Pferd nähern oder es eine Weile in Ruhe lassen.

591. Antwort a. ist richtig. Das Herz eines Pferdes schlägt etwa 40 Mal in der Minute und wiegt ca. drei Kilogramm. Bei Sportpferden können es auch sechs Kilogramm sein.

592. Antwort c. ist richtig. Da Nahrungssuche in der freien Wildbahn überlebenswichtig ist, versuchen Pferde jedes verfügbare Futter zu fressen. Futterneid findet dann statt, wenn Pferde andere Pferde nicht fressen lassen und diese vom Futter wegjagen.

593. Antwort a. ist richtig. Die Ganasche befindet sich zwischen Kopf und Hals des Pferdes. Da sich hier die Ohrspeicheldrüse befindet, ist die Ganasche sehr empfindlich.

594. Antwort a. ist richtig. Pferde brauchen nicht schwimmen zu lernen. Sie können es von Geburt an.

595. Antwort c. ist richtig. Das Milchgebiss besteht aus 24 Zähnen, das Dauergebiss aus 36 Zähnen. Hengste haben manchmal noch vier weitere Zähne, die so genannten Hakenzähne.

596. Antwort b. ist richtig. Der Widerrist ist die höchste Stelle zwischen den Schulterblättern eines Pferdes. Wenn von der Körpergröße eines Pferdes die Rede ist, so meint man die Höhe des Widerrists.

597. Antwort c. ist richtig. Maultiere werden so gezüchtet. Als Tragetiere sind sie vor allem im Nahen Osten und in Asien sehr beliebt.

598. Antwort b. ist richtig. Vor ca. 1.500 Jahren begannen Nomaden in Nordafrika damit, das arabische Vollblut zu züchten. Sie fütterten die Tiere nur aus der Hand und ließen sie in ihren Zelten schlafen. Arabische Vollblüter gelten als eine besonders edle Rasse.

599. Antwort c. ist richtig. Das Stutbuch ist das Zuchtbuch für weibliche Pferde. Es werden von den Zuchtverbänden nur Stuten aufgenommen und eingetragen, die allen Anforderungen für eine erfolgreiche Zucht entsprechen.

600. Antwort b. ist richtig. Nur während der Rosse, die zwischen März und September etwa alle 3–4 Wochen auftritt, kann eine Stute vom Hengst erfolgreich gedeckt werden. Die Stute sondert während dieser Zeit einen hengstanlockenden Duft ab.

601. Antwort c. ist richtig. Um diese Rassemerkmale zu erreichen, werden urtümliche Pferde gekreuzt. Durch die Auswahl bestimmter Tiere treten bei der Rückzüchtung die alten Merkmale immer deutlicher hervor.

602. Antwort b. ist richtig. Man nennt es Saugfohlen. Bei Hauspferden saugen die Fohlen etwa sechs bis acht Monate. Bei Wildpferden etwa ein Jahr, bevor sich die Tiere an pflanzliche Nahrung gewöhnen.

603. Antwort b. ist richtig. In freier Wildbahn laufen Jährlinge oft noch bei ihrer Mutter. Hauspferde werden mit spätestens acht Monaten von der Mutter getrennt.

604. Antwort c. ist richtig. Araber werden in der Zucht immer wieder gerne eingesetzt, um ihre herausragenden Eigenschaften an andere Rassen weiterzugeben, wie auch beim Haflo-Araber.

605. Antwort a. ist richtig. Kurz nach der Geburt sucht das Fohlen schon das Gesäuge, um die Milch zu trinken. In den ersten Lebenstagen tut es das etwa alle halbe Stunde.

606. Antwort b. ist richtig. Der Kot der Mutter enthält viele Darmbakterien, die die Verdauung der Fohlen unterstützen. Diese Bakterien werden auch Darmflora genannt.

607. Antwort a. ist richtig. Schimmel kommen aber keineswegs mit weißem Fell auf die Welt. Erst mit der Zeit und nach mehreren Haarwechseln zeigt sich das weiße Fell. Reinweiße Schimmel sind allerdings eher selten.

608. Antwort c. ist richtig. Oft zerreißt die Eihaut schon während der Geburt. Ist dies nicht der Fall, muss sich das Fohlen durcharbeiten, um Luft holen zu können.

609. Antwort a. ist richtig. Die meisten Gestüte sind staatliche Einrichtungen, die zusammen mit den Zuchtverbänden die Zucht bestimmter Rassen überwachen. Es gibt aber auch Privatgestüte.

610. Antwort b. ist richtig. Der Puls schlägt ca. 100 Mal in der Minute, verlangsamt sich jedoch später. Bei einem erwachsenen Pferd im Ruhezustand sind es nur noch zwischen 30 und 50 Pulsschläge in der Minute.

611. Antwort a. ist richtig. Ein Gestütmeister ist ein ausgebildeter Pferdewirt mit der Fachrichtung Zucht und Haltung. Anschließend hat er noch die Meisterprüfung zum Pferdewirtschaftsmeister abgelegt.

612. Antwort b. ist richtig. Ob eine Rasse als Rasse anerkannt wird, darüber entscheiden in den meisten Fällen die Zuchtverbände, die es in fast jedem Land gibt. Es gibt weltweit rund 180 anerkannte Rassen.

613. Antwort a. ist richtig. Hengste werden häufig kastriert, wenn sie sich nicht für die Zucht eignen. Sie sind dann nicht mehr so temperamentvoll und lassen sich leichter reiten.

614. Antwort b. ist richtig. Wie beim Menschen und anderen Säugetieren kommen auch Pferde in den Zahnwechsel und erhalten im Alter von 2 bis 4 Jahren ihr dauerhaftes Gebiss.

615. Antwort a. ist richtig. Maulesel sehen Eseln sehr ähnlich und können sich nicht fortpflanzen. In vielen südlichen und asiatischen Ländern werden sie als Zug- und Tragtiere eingesetzt.

616. Antwort b. ist richtig. Die Tragzeit dauert 11 Monate, also fast ein Jahr. Dafür ist das Fohlen schon weit entwickelt, wenn es geboren wird.

617. Antwort c. ist richtig. Hengstparaden werden im Allgemeinen von Gestüten veranstaltet, um ihre Deckhengste vorzuführen. Besitzer von Stuten können sich so die möglichen Väter ihrer Fohlen ansehen.

618. Antwort a. ist richtig. Dieser Geburtstermin im Frühjahr ist sehr günstig, da die Fohlen in der warmen Jahreszeit aufwachsen und schon sehr kräftig sind, wenn der Winter beginnt.

619. Antwort b. ist richtig. Nur das Englische Vollblut und der Araber werden als Vollblüter angesehen. Halbblüter sind Kreuzungen mit Warmblut- oder Kaltblutpferden.

620. Antwort a. ist richtig. Der Geigenbogen ist mit dem Langhaar von Pferden bespannt. Es hat genau die richtige Dicke und Oberfläche, um die Saiten zum Schwingen zu bringen.

621. Antwort a. ist richtig. Für jeden Pferdefreund ist der Besuch dieses einmaligen Museums in Verden an der Aller spannend. Hier erfährt man sehr viel Interessantes über Pferde.

622. Antwort c. ist richtig. Dafür haben die männlichen Seepferdchen eine besondere Bauchtasche, in die das Weibchen die Eier legt. Dort werden sie ausgebrütet und verlassen die Bauchtasche erst, wenn sie schon schwimmen können.

623. Antwort a. ist richtig. Die Spanische Hofreitschule in Wien wurde 1572 gegründet. „Spanisch“ heißt sie, weil die Pferde, die dort leben, ursprünglich aus Spanien kamen.

624. Antwort a. ist richtig. Die Reiterin sitzt so auf dem Damensattel, dass sich beide Beine auf der linken Seite befinden. Nur der linke Fuss steckt dabei in einem Steigbügel.

625. Antwort a. ist richtig. Ähnlich wie die amerikanischen Cowboys haben die Gauchos in Südamerika, vor allem in Argentinien, riesige Rinderherden gehütet.

626. Antwort c. ist richtig. Den Anteil von 21 % hat der Sauerstoff vor etwa 350 Millionen Jahren erreicht. In der Uratmosphäre gab es zunächst keinen Sauerstoff, der kam erst mit der Entstehung der ersten Bakterien hinzu.

627. Antwort b. ist richtig. Die Biosphäre beginnt nicht in Meereshöhe, sondern schließt die Meere mit ein, in denen ja ebenfalls Leben möglich ist. Auch Erdschichten, in denen Mikroorganismen leben, werden zur Biosphäre gezählt.

628. Antwort b. ist richtig. Wann genau der Weltraum beginnt, ist Ansichtssache. Für die Internationale Luftfahrtvereinigung liegt die Grenze bei 100 km Höhe, für die NASA beginnt der Weltraum schon in 80 km Höhe.

629. Antwort a. ist richtig. Diese Edelgase sind Argon, Helium und Neon. Ihr Anteil an der Atmosphäre beträgt nur 0,93 %.

630. Antwort c. ist richtig. Vulkane reichern die Atmosphäre unter anderem mit Schwefelwasserstoff, Schwefeldioxid, Fluorwasserstoff, Methan und Ammoniak an. Viele dieser Gase sind giftig.

631. Antwort a. ist richtig. Bei einem Waldbrand verbrennt der im Holz abgelagerte Kohlenstoff zu Kohlendioxid.

632. Antwort c. ist richtig. Darum haben kleine Himmelskörper wie der Mond keine Atmosphäre. Ihre Schwerkraft reicht nicht aus, um die leichten Gase festzuhalten.

633. Antwort b. ist richtig. Pflanzen nehmen Kohlendioxid auf und geben Sauerstoff ab. Ohne Pflanzen könnten wir gar nicht überleben. Sie sorgen für den Hauptteil an Sauerstoff in der Atmosphäre.

634. Antwort a. ist richtig. Das Barometer wurde im Jahr 1643 von dem italienischen Physiker Evangelista Torricelli (1608–1647) erfunden.

635. Antwort c. ist richtig. Man kann auch von dem Klima einer bestimmten Region sprechen, etwa vom tropischen Klima oder vom Polarklima.

636. Antwort a. ist richtig. Das Hygrometer wurde 1783 von dem Schweizer Naturforscher Horace-Bénédict de Saussure (1740–1799) erfunden. Er verwendete ein Frauenhaar, das sich bei hoher Luftfeuchtigkeit ausdehnt und bei Trockenheit zusammenzieht.

637. Antwort c. ist richtig. Meteorologen verfolgen jede Wetteränderung genau und versuchen aus den gewonnenen Daten eine Wettervorhersage zu machen. Sehr oft gelingt ihnen das auch.

638. Antwort b. ist richtig. Die Ozonschicht befindet sich in 20 bis 40 km Höhe und besteht aus Ozon. Ozon ist ein Molekül aus drei Sauerstoffatomen.

639. Antwort a. ist richtig. Polarlichter entstehen, wenn die geladenen Teilchen, vorwiegend Elektronen, auf die äußeren Schichten der Atmosphäre treffen und die Luftmoleküle zum Leuchten bringen.

640. Antwort a. ist richtig. Wetterballons können eine Höhe von mehr als 30 km erreichen. Von dort aus senden die an Bord befindlichen Messgeräte wichtige Messdaten zur Erde.

641. Antwort b. ist richtig. Daher wachsen in den Tropen sehr viele immergrüne Pflanzen. Auch einen Winter gibt es nicht, dafür jedoch eine Regenzeit.

642. Antwort b. ist richtig. Die Atmosphäre lässt die Strahlen der Sonne zwar zur Erde gelangen, verhindert jedoch, dass die Wärme wieder zurück in den Weltraum gelangt. Ohne den Treibhauseffekt wäre es viel kälter auf der Erde.

643. Antwort c. ist richtig. Die Fluorchlorkohlenwasserstoffe (FCKW) wurden als Kühlmittel in Kühlschränken und als Treibgase in Spraydosen eingesetzt. Wenn die Gase in die Atmosphäre aufsteigen, zerstören sie die Ozonmoleküle in der Ozonschicht.

644. Antwort c. ist richtig. Autoabgase, die vor allem Kohlendioxid enthalten, vergrößern den natürlichen Treibhauseffekt. Dadurch erwärmt sich die Luft in den unteren Schichten und unser Klima verändert sich.

645. Antwort b. ist richtig. Der erste Satellit „Sputnik" wurde 1957 von der Sowjetunion gestartet. Dank dieser Technologie können Meteorologen die Wolkenbewegungen von oben fotografieren und filmen.

646. Antwort c. ist richtig. Smog ist eine hohe Ansammlung von Abgasen, die gesundheitsschädlich sind. Smog ist also eine Folge der Luftverschmutzung. In einem solchen Fall können die Behörden ein Fahrverbot erlassen und Straßen sperren.

647. Antwort a. ist richtig. Die Exosphäre beginnt in etwa zwischen 500 und 1.000 km Höhe. Hier herrschen schon nahezu Weltraumbedingungen.

648. Antwort b. ist richtig. Luft kann bis zu 4 % Wasserdampf enthalten, aber auch fast 0 %, wenn die Luft in heißen Gebieten sehr trocken ist.

649. Antwort a. ist richtig. Ohne die Schwerkraft der Erde würde die Atmosphäre ins All entweichen, denn die Gase, aus denen sie besteht, sind sehr leicht. Daher können kleine Planeten mit einer geringen Schwerkraft keine Atmosphäre halten.

650. Antwort c. ist richtig. Das Ozonloch entsteht, weil verschiedene, von uns erzeugte Gase aufsteigen und dort das Ozon abbauen. Durch das Loch in der schützenden Ozonschicht können gefährliche UV-Strahlen eindringen und unsere Gesundheit schädigen.

651. Antwort a. ist richtig. Die Thermik wird von Vögeln und Segelfliegern genutzt, um an Höhe zu gewinnen.

652. Antwort c. ist richtig. Jetstreams sind die schnellsten auftretenden Winde, sie können Geschwindigkeiten über 600 km/h erreichen. Sie bilden große Windströme, die in Höhen von 8 km bis 15 km um die Erde jagen.

653. Antwort b. ist richtig. Besteht zwischen zwei Luftmassen ein unterschiedlicher Luftdruck, so fließt so lange Luft von dem Gebiet mit hohem Luftdruck zu dem Gebiet mit niedrigem Luftdruck, bis der Luftdruck ausgeglichen ist.

654. Antwort a. ist richtig. Der Föhn ist ein Fallwind, der regelmäßig in den Alpen auftritt. Er weht von den Bergen abwärts ins Tal.

655. Antwort b. ist richtig. Die Beaufortskala wurde 1806 von dem britischen Admiral Francis Beaufort (1774–1857) entwickelt und gilt bis heute. Sie hat 12 Stufen und reicht von 1 (Windstille) bis 12 (Orkan).

656. Antwort b. ist richtig. Flauten waren früher von Seeleuten sehr gefürchtet, denn sie konnten ein Segelschiff monatelang an der gleichen Stelle halten.

657. Antwort a. ist richtig. Diese enorme Windgeschwindigkeit von 335 km/h wurde am 12. Juni 1985 auf der Zugspitze gemessen.

658. Antwort c. ist richtig. Daher war der Passat einst für die Seefahrt von größter Bedeutung, denn man konnte sich oft genug auf ihn verlassen.

659. Antwort b. ist richtig. Der Monsun ist ein beständig wehender Wind, der halbjährig seine Richtung ändert. Weht er vom Meer, regnet es häufig und viel.

660. Antwort a. ist richtig. Ab Windstärke 12 spricht man von einem Orkan. Dann gibt es mittlere Windgeschwindigkeiten von 118 km/h und mehr.

661. Antwort a. ist richtig. Die Rossbreiten wurden von den Seeleuten so getauft, weil sie hier oft wochenlang festlagen und ihnen dabei viele ihrer Pferde verhungerten, die sie an Bord hatten.

662. Antwort b. ist richtig. Für Autofahrer kann es sehr wichtig sein, bei einer Brücke auf diesen Windsack zu achten. Vor allem Wohnwagen und Lieferwagen sind bei starkem Wind gefährdet.

663. Antwort b. ist richtig. Eine Windrose hat 360° und zeigt die Himmelsrichtungen an. Mit ihr lässt sich bestimmen, aus welcher Richtung ein Wind weht.

664. Antwort a. ist richtig. Die Kalmen entstehen, weil hier beständig südliche und nördliche Winde aufeinander treffen und sich gegenseitig in ihrer Kraft aufheben.

665. Antwort c. ist richtig. Typisch für den Mistral sind der wolkenlose Himmel und seine Trockenheit. Tritt der Mistral bei Waldbränden auf, so sorgt er oft dafür, dass sich der Brand ausbreitet.

666. Antwort a. ist richtig. Der Schirokko ist zwar sehr trocken, sammelt aber über dem Mittelmeer Feuchtigkeit, die er nach Italien und Frankreich trägt. Dort wird der Schirokko „Marin" genannt.

667. Antwort b. ist richtig. Der Gletscherwind ist ein Fallwind, der über einem Gletscher stark abkühlt. Unterhalb des Gletschers kann er dadurch die dort wachsenden Pflanzen schädigen.

668. Antwort c. ist richtig. Der Wind hat bei Windstärke 12 eine Geschwindigkeit von mehr als 118 km/h und wird auch Orkan genannt. Bis zu 20 Meter hohe Wellen türmen sich auf und jede Sicht ist unmöglich.

669. Antwort b. ist richtig. Auch die dem Wind zugekehrte Seite eines Berges wird manchmal Luvseite genannt.

670. Antwort c. ist richtig. Auch die dem Wind abgewandte Seite eines Berges wird manchmal Leeseite genannt.

671. Antwort a. ist richtig. Der Wind kommt von hinten. Das Gegenteil ist „im Wind“. Das Segelschiff segelt also gegen den Wind.

672. Antwort b. ist richtig. Der Karif tritt vor allem auf der arabischen Halbinsel, aber auch in anderen Wüstengebieten während des Sommers auf.

673. Antwort a. ist richtig. Dank des Wasserkreislaufs tragen Wolken das über dem Meer verdunstete Wasser über das Land, wo es abregnet. Von dort fließt es über die Flüsse zurück ins Meer.

674. Antwort b. ist richtig. Der englische Apotheker Luke Howard (1772–1864) gilt als Begründer der Nephologie. Er legte viele der heute üblichen Namen für verschiedene Wolkenarten fest.

675. Antwort b. ist richtig. Nebel bildet sich besonders oft in windstillen Herbst- und Winternächten, wenn feuchte Luft stark abkühlt und dadurch kondensiert.

676. Antwort a. ist richtig. Denn in den Meeren befindet sich schließlich auch das meiste Wasser unseres Planeten.

677. Antwort c. ist richtig. Federwolken sehen tatsächlich aus wie weiße Federn (Zirrus = Feder), die unregelmäßig über den Himmel verteilt wurden.

678. Antwort a. ist richtig. Da Wolken aus Wasser bestehen, ist eine hohe Luftfeuchtigkeit erforderlich. In sehr trockener Luft können sich keine Wolken bilden.

679. Antwort c. ist richtig. Perlmuttwolken sind hell glänzende, linsenförmige Wolken und bestehen aus Eiskristallen.

680. Antwort b. ist richtig. Stickstoff ist geruchlos und ungiftig. Dennoch würde ein Mensch in reinem Stickstoff sofort ersticken. Schließlich braucht er den Sauerstoff zum Atmen.

681. Antwort c. ist richtig. Haloerscheinungen sind oft bei dünnen hohen Wolken zu beobachten. Sie entstehen durch Brechung, Beugung oder Spiegelung der Lichtstrahlen an den kleinen Eisteilchen der Wolken.

682. Antwort b. ist richtig. Beim Sonnenaufgang und Sonnenuntergang kann das Licht in der Atmosphäre wie in einem Prisma gebrochen und in die Spektralfarben zerlegt werden. Nicht nur die Sonne, auch die Wolken erscheinen rot.

683. Antwort c. ist richtig. Diese Schäfchenwolke kennt jedes Kind. Das lateinische Wort „Zirrokumulus" heißt wörtlich übersetzt „Ansammlung von Haarlocken".

684. Antwort a. ist richtig. Eine Gewitterzelle entwickelt sich in drei Schritten, dem Wachstumsstadium, dem Reifestadium und dem Zerfallsstadium. Eine besonders große Gewitterzelle wird Superzelle genannt.

685. Antwort c. ist richtig. Der englische Ausdruck „roll cloud" bezeichnet eine Wolkenformation, die meist starken Wind und Niederschläge mit sich bringt.

686. Antwort b. ist richtig. Tornados sind stark rotierende Luftsäulen, die aus Gewitterwolken nach unten wachsen und den Erdboden erreichen. Sie sehen aus wie ein Rüssel und sind sehr zerstörerisch.

687. Antwort a. ist richtig. Leuchtende Nachtwolken bestehen aus Staub und Eis und bilden sich in bis zu 85 km Höhe. Dort werden sie auch nach dem Sonnenuntergang auf der Erde von den Strahlen der Sonne erreicht und leuchten daher.

688. Antwort a. ist richtig. Die Kumuluswolken werden ihrem Namen wirklich gerecht, denn sie bilden tatsächlich regelrechte Haufen am Himmel.

689. Antwort c. ist richtig. Ohne einen Aufwind würde jede Wolke langsam zu Boden fallen. Denn auch die kleinen Wassertröpfchen, aus denen sie besteht, haben ja ein Gewicht.

690. Antwort b. ist richtig. Eine Schleierwolke sieht wie über den Himmel verteilter Nebel aus.

691. Antwort a. ist richtig. Die Fallgeschwindigkeit ist abhängig von der Größe der Tropfen. Ein 1 mm großer Regentropfen fällt mit etwa 7 km/h zur Erde.

692. Antwort a. ist richtig. Regentropfen haben im Mittel einen Durchmesser zwischen 0,5 und 5 mm. Typische Regentropfen sind 1 bis 2 mm groß.

693. Antwort c. ist richtig. Typische Kristallformen sind sechseckige Plättchen, Säulen oder Sternchen. Die Form hängt von der Temperatur und Feuchte der Luft ab.

694. Antwort c. ist richtig. Wissenschaftler sind sich sehr sicher, dass jede Schneeflocke ein Einzelstück ist und sich die Formen nie oder allenfalls äußerst selten wiederholen.

695. Antwort b. ist richtig. Pulverschnee ist bei Skifahrern sehr beliebt, da er ideale Bedingungen bietet. Es handelt sich um frischen Schnee, der noch nicht zusammengesackt ist, angetaut und wieder gefroren ist.

696. Antwort c. ist richtig. Nicht nur Flugzeuge reflektieren Radarstrahlen, sondern auch Regentropfen. Anhand der aufgefangenen Echos können Wissenschaftler erkennen, wie viel Regen sich in der Luft befindet.

697. Antwort a. ist richtig. Die Landwirtschaft in diesen Gebieten ist stark abhängig vom rechtzeitigen Beginn der beiden Regenzeiten.

698. Antwort b. ist richtig. Beim Konvektionsregen ist der Wasserkreislauf regional begrenzt. Der Regen entsteht dank der warmen Luft immer wieder neu. Dieser Regen ist typisch für den tropischen Regenwald.

699. Antwort b. ist richtig. Das Ombrometer ist ein rundes Gefäß, in dem der Regen aufgefangen und seine Menge gemessen werden kann.

700. Antwort c. ist richtig. Graupelkörner sind nicht größer als 0,5 cm. Graupel fällt fast ausschließlich im Winter.

701. Antwort b. ist richtig. Nur selten werden Hagelkörner größer als 2 bis 3 cm. Es sind in Mitteleuropa allerdings auch Körner von mehr als 10 cm möglich.

702. Antwort c. ist richtig. Eisregen entsteht, wenn Regentropfen durch eine sehr kalte Luftschicht fallen und dabei gefrieren. Dadurch bleiben sie durchsichtig. Hagelkörner bestehen aus mehreren Schichten, die sich in einer Wolke langsam bilden.

703. Antwort a. ist richtig. Zunächst entstehen in der Troposphäre in großer Höhe Eiskristalle, die so schwer werden, dass sie nach unten fallen. Auf ihrem Weg treffen sie dann auf wärmere Luft und schmelzen.

704. Antwort b. ist richtig. Ein Landregen dauert mehrere Stunden, wobei aber ganz gewöhnliche Regenmengen fallen.

705. Antwort c. ist richtig. Die größte je gesehene Schneeflocke war 38 cm groß. Der mittlere Durchschnitt beträgt aber nur 0,5 cm.

706. Antwort a. ist richtig. Eine Schneeflocke ist mit einer Geschwindigkeit von einem Meter pro Sekunde somit der langsamste Niederschlag, denn Regen und Hagel fallen viel schneller.

707. Antwort b. ist richtig. Regenfeldbau ist nur in Gebieten möglich, in denen im Jahr mehr Niederschlag fällt, als Wasser verdunstet. So wie es in Deutschland fast immer der Fall ist.

708. Antwort c. ist richtig. Die Luft wird auf 30.000 °C erhitzt. Diese Temperatur ist etwa fünfmal höher als die Temperatur auf der Oberfläche der Sonne.

709. Antwort a. ist richtig. Permafrostböden sind Überbleibsel der letzten Eiszeit, als der Boden über 1.000 m tief gefroren war. Sie wirken wie ein Kältespeicher und tauen im Sommer nur an der Oberfläche auf.

710. Antwort b. ist richtig. Die Temperatur 57,7 °C wurde 1922 in El Asisija in Libyen gemessen.

711. Antwort b. ist richtig. Die Eisheiligen verdanken ihre Namen den Heiligen Mamertus (11. Mai), Pankratius (12. Mai), Servatius (13. Mai), Bonifatius (14. Mai) und Sophia (15. Mai). In dieser Zeit gelangt oft kalte Polarluft nach Europa und sorgt für Nachtfröste.

712. Antwort c. ist richtig. Daniel Gabriel Fahrenheit (1686–1736) baute das erste Quecksilberthermometer und erfand die erste genaue Skala, die nach ihm benannt wurde. Noch heute werden Temperaturen in den USA in Grad Fahrenheit gemessen, wobei 32 Grad Fahrenheit 0 Grad Celsius entsprechen.

713. Antwort c. ist richtig. Das Wasser der Weltmeere speichert sehr viel Wärme und gibt sie auch im Winter nur langsam ab.

714. Antwort b. ist richtig. Dieser Zeitraum bringt erfahrungsgemäß die heißesten Tage im Jahr, die nach dem Hundsstern, dem Sirius, benannt sind.

715. Antwort a. ist richtig. Meteorologen berechnen die Tagesmitteltemperatur verschiedener Orte für verschiedene Jahreszeiten, um genaue Vergleiche anstellen zu können.

716. Antwort a. ist richtig. Am 21. Juli 1983 wurden in der russischen Antarktisstation Vostock −89,2 °C gemessen, die tiefste jemals gemessene Temperatur.

717. Antwort c. ist richtig. Thermographen werden vor allem auf automatischen Wetterstationen eingesetzt, wo sie jede Änderung der Temperatur und die entsprechende Uhrzeit aufzeichnen.

718. Antwort b. ist richtig. Infrarotes Sonnenlicht, das wir mit unseren Augen nicht wahrnehmen können, wurde erstmals von dem Astronomen William Herschel (1738–1822) nachgewiesen und dessen Wärmewirkung getestet.

719. Antwort a. ist richtig. Der kälteste Monat ist der Januar, der Juli ist dagegen der wärmste Monat.

720. Antwort b. ist richtig. Bei −20 °C. Daher benötigen alle Flugzeuge, die in dieser Höhe fliegen, eine gute Heizung. Sonst würden die Piloten und Passagiere erfrieren.

721. Antwort c. ist richtig. Gemessen wurde die Temperatur von +40,3 °C am 8. August 2003 im Saarland. Seitdem war es nie wieder so heiß in Deutschland.

722. Antwort a. ist richtig. Zwei Meter Höhe reicht aus, um Beeinflussungen durch die Wärme des Bodens auszuschließen. Außerdem sind die Messgeräte in dieser Höhe noch einfach zu bedienen.

723. Antwort a. ist richtig. Isothermen sind Linien, die auf einer Wetterkarte Punkte miteinander verbinden, an denen die gleiche Temperatur herrscht.

724. Antwort b. ist richtig. Die Temperatur von –45,9 °C wurde am 24. Dezember 2001 am Funtensee in Bayern gemessen.

725. Antwort b. ist richtig. Die Temperatur von 0 °C gilt natürlich nur bei normalem Luftdruck und für Süßwasser. Salzwasser gefriert erst bei wesentlich geringerer Temperatur, Meerwasser z. B. erst bei etwa -2 °C.

726. Antwort a. ist richtig. Oft beginnt der richtige Winter mit einer Kältewelle, die für einen regelrechten Wintereinbruch sorgt.

727. Antwort c. ist richtig. Ohne den Golfstrom, der seinen Namen dem Golf von Mexiko verdankt, wären die Winter in Europa viel kälter und auch länger. Er sorgt also für ein mildes, angenehmes Klima.

728. Antwort b. ist richtig. Es gibt ca. 30 Sommertage in Deutschland pro Jahr. Ein Tag mit einer Höchsttemperatur von mindestens 25 °C gilt als Sommertag. Ist es wärmer als 30 °C, gilt er sogar als heißer Tag.

729. Antwort a. ist richtig. Anfang Juni sorgt die jährliche Großwetterlage oft dafür, dass kalte Polarluft nach Mitteleuropa gelangt. Der Name „Schafskälte“ ist den Schäfern zu verdanken, die früher Angst um ihre bereits geschorenen Schafe hatten.

730. Antwort b. ist richtig. Sie wird Kaltluftsee genannt. Da kalte Luft schwerer ist als warme, kann sie ein Tal oder eine Mulde nur verlassen, wenn sie sich erwärmt oder vom Wind fortgetragen wird.

731. Antwort a. ist richtig. Ein Blitz kann 1 bis 2 km lang sein. In den Tropen kann er auch eine Länge von 3 km erreichen. Ein Blitz, der von einer Wolke in eine andere Wolke einschlägt, ist wesentlich länger und kann 140 km lang sein.

732. Antwort a. ist richtig. Lawinen gefährden nicht nur Skifahrer, sondern können ganze Ortschaften zerstören.

733. Antwort b. ist richtig. Flächenblitze schlagen nicht einmal, sondern mehrfach gleichzeitig in einem bestimmten Gebiet in den Boden ein.

734. Antwort c. ist richtig. Es gibt etwa 3.000 Gewitter pro Tag. Jede Sekunde schlagen irgendwo auf der Welt rund 100 Blitze ein. In 24 Stunden sind das etwa 10 Millionen Blitze.

735. Antwort c. ist richtig. Der Hurrikan Katrina kostete 1.239 Menschen das Leben und verursachte Schäden in Höhe von 100 Milliarden US-Dollar.

736. Antwort b. ist richtig. Elmsfeuer entsteht nur, wenn ein Gewitter in der Nähe ist und geht oft einem Blitzschlag voraus. Wer ein Elmsfeuer sieht, befindet sich also in großer Gefahr.

737. Antwort a. ist richtig. Diese Flutwellen können bis zu 10 Meter hoch sein und weit ins Land hineinlaufen und es überfluten.

738. Antwort b. ist richtig. „Hurrikan“ ist ein indianisches Wort und bedeutet „Gott des Windes“.

739. Antwort c. ist richtig. Wärmegewitter entstehen im Sommer durch schnell aufsteigende, über dem Boden erwärmte Luft, die sich in großer Höhe wieder abkühlt.

740. Antwort a. ist richtig. Die bis zu 30 Meter hohen Kaventsmänner werden nicht von Seebeben ausgelöst wie eine Tsunamiwelle, sondern vom Wind. Sie können auch moderne Schiffe beschädigen oder sogar versenken.

741. Antwort a. ist richtig. Von den insgesamt 340 Toten waren allein 315 in Hamburg zu beklagen, wo die Stadtteile Wilhelmsburg und Georgswerder teilweise zerstört wurden.

742. Antwort c. ist richtig. Als Wetterleuchten bezeichnet man den reflektierten Schein weit entfernter Blitze. Den Donner kann man aus dieser Entfernung schon nicht mehr hören.

743. Antwort a. ist richtig. Tropische Wirbelstürme entstehen über dem Meer, dessen Wasser 26 °C und wärmer sein muss. So können große Mengen Wasser verdampfen und Wolken bilden.

744. Antwort c. ist richtig. Der Donner entsteht durch die plötzliche Ausdehnung der Luft. Dies ist eine Folge der starken Hitzeentwicklung, die ein Blitz verursacht.

745. Antwort c. ist richtig. Zyklone entstehen vor allem über dem Indischen Ozean. In anderen Regionen wird ein großer Wirbelsturm Hurrikan (Nordamerika) oder Taifun (westlicher Pazifikraum) genannt.

746. Antwort a. ist richtig. Wenn der Wind in Richtung Land weht, drückt er das Wasser in die Bucht, wo es sich aufstaut und gegen die Deiche drückt. So kommt es zu einer Sturmflut.

747. Antwort b. ist richtig. Kugelblitze treten extrem selten auf. Ihre genaue Ursache ist nach wie vor nicht geklärt.

748. Antwort c. ist richtig. Mit einer Windgeschwindigkeit von über 250 km/h wird ein Hurrikan als „verwüstend" eingestuft und entspricht der höchsten Kategorie der Hurrikan-Skala.

749. Antwort a. ist richtig. Zwar werden nur etwa 150 bis 170 Tornados beobachtet, doch die Wissenschaftler schätzen, dass es etwa doppelt so viele sein müssen. Die meisten dieser Tornados sind zum Glück kurzlebig und nicht so zerstörerisch.

750. Antwort c. ist richtig. Ein Taifun kann innerhalb eines Tages so viel Regen bringen wie in Deutschland im ganzen Jahr fällt.

Mit Willi einmal um die Welt

Florian Sailer
Willi und die Wunder dieser Welt
ISBN 978-3-440-11927-3

Mit diesem Abenteuer-Sachbuch begleitest du Willi auf seiner Reise um die Welt. Friert der Eisbär? Wie oft regnet's im Regenwald? Das Buch klärt alle wichtigen Fragen zu den extremen Lebenswelten Sahara, Megacity, Arktis und Regenwald.

Heike Herrmann
Willi wills wissen – Wunder dieser Welt
ISBN 978-3-440-11821-4

Mit über 180 kniffeligen Fragen und verblüffenden Antworten kannst du dein Wissen über die Wunder dieser Welt testen. Dabei lernst du jede Menge über die verschiedenen Lebensräume, Tiere und Pflanzen sowie über die Sitten und Bräuche unserer sieben Kontinente.

Schliemann • Antonow
Willi und die Wunder dieser Welt
Art.-Nr.: 698324

Bei dieser aufregenden Ballonfahrt rund um den Globus zeigt dir Willi die Wunder dieser Welt, von denen du und deine Freunde Fotos machen sollt. Wer am Ende die meisten Fotos von den Wundern dieser Welt gemacht hat, gewinnt.

www.kosmos.de